周作人著作

苦雨斋序跋文

钟叔河——编订

岳麓書社·长沙

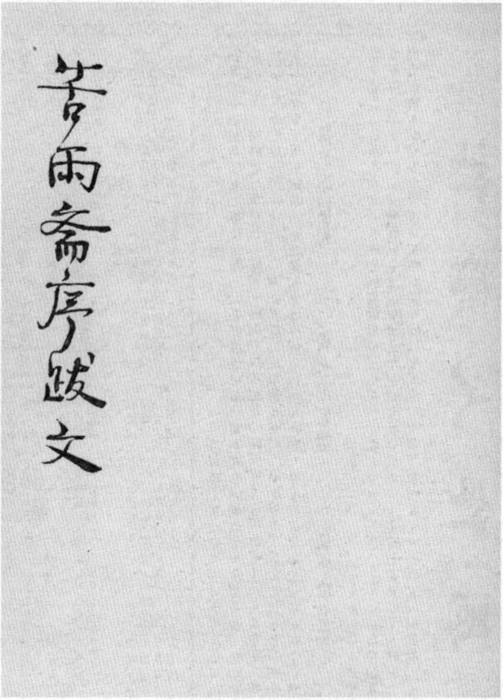

天马书店本《苦雨斋序跋文》

编者的话

钟叔河

一九八七年一月三日《光明日报》上，岳麓书社刊出了我拟稿的一帧广告（左图），宣布了书社和我对重印周作人著作的观点：

“人归人，文归文。周作人其人的是非功过是另一问题，其书的主要内容是对传统文化和国民性进行反思，对中国—西方和中国—日本的文化历史进行比较研究，今之读者却不可不读。……”

随即便开始出书。既出周作人著作的单行本，也出精装合订本。两年之间，出了二十四种。

书当然不是想出便能出的，得按规矩，走程序。周家授权了，报告批复了，宋木文、杨牧之、伍杰各位领导都当面或来信表示应允和支持了，便能够出了。

出就得出好。当时强调了两条：（一）因为均系据旧本重印，所以一定要认真校订，尽力改正旧本误植失校的错误；（二）因为手稿不存，无法对勘，所以一定要详出校记，改动处一概保留原文，承担责任。

这两条，读者看来大都是认可的。直到如今，在旧书网上，八十年代“岳麓版”的周作人著作，始终都卖得不错。

现在，岳麓书社决定又来出版周作人著作，仍然要我负责编订，做法则一仍其旧。主要还是这些书，还是这两条，新的广告也就不必再做了。

鄢琨君三十年前和我同编了这些书，此次仍然合作，蒋浩君也参加了进来。校记原列表在书末，如今改作尾注。二君新增校改之处，分别标出“鄢校”“蒋校”，特此说明，并志感谢。

二〇一八年五月十五日于长沙。

出版题记

《苦雨斋序跋文》，一九三四年三月上海天马书店初版，有自序一（手迹影印），收文五十三篇，分为二分，第一分收自作序跋三十六篇，第二分收为人作序跋十七篇。总数五十三篇中，有三十二篇曾收入此前出版各集。

自序说，他“不喜欢讲载道（大道理）”，只“表示个人的私意我见”；“这本小集，单收序跋”，而“序跋以一本书为标的，说的较有范围”。这便是此书的两大特色。

原书的编校工作却不无瑕疵。第一分之五《〈点滴〉序》和之二十三《〈空大鼓〉序》，文字内容互相倒错，都张冠李戴，文不对题。之二十《〈苦雨斋小书〉序》，一九二七年二月十九日首刊《语丝》一一九期，题为《闲话集成（五七）》，收入一九二八年二月出版的《谈虎集》下卷，题目叫《小书》；但一九二七年二月出版的《苦雨斋小书》之一《冥土旅行》中有《〈苦雨斋小书〉序》，是完全不同的另外一篇文章，并没有收入这本序跋集。

我们以“天马”初版本为底本进行校订，对于上述这类情况，均在校记中作了说明。

二〇二〇年五月二十四日，锺叔河。

目录

第二分

自序

题跋向来算是小品文，而序和跋又收入正集里，显然是大品正宗文字。这是怎么的呢？文士的事情我不大明白，但是管窥蠡测大约也可以知道一二分，或者这就是文以载道的问题罢。字数的多寡既然不大足凭，那么所重者大抵总在意思的圣凡之别，为圣贤立言的一定是上品，其自己乱说的自然也就不行，有些敝帚自珍的人虽然想要保存，却也只好收到别集里去了。题跋与序，正如尺牍之于书，盖显有上下床之别矣。是说也，盖古已有之，但如尼采所说世事转轮，则按时出现既不足奇，而现时当令亦无须怪者也。

我现在编这本小集，单收序跋，而题跋不在内，这却并不是遵守载道主义，但只以文体区分罢了。我是不喜欢讲载道的，即使努力写大品的序，也总难入作者之林，其结果是虽非题跋亦仍是小品耳。我写序跋或题跋都是同样的乱说，不过序跋以一本书为标的，说的较有范围，至于表示个人的私意我见则原无甚差异也。全稿共有七十五篇，今选取其五十三，分为两部，其第一分皆自作题记，有三十六篇，悉留存，第二分存十七篇，皆为人作序跋，大抵涉及民俗学及文学者，其中恐多外行之言，兹选虽志在谨严，殆仍难免，读者谅之。

中华民国二十三年二月十八日，周作人记于北平。

第一分

《红星佚史》序

罗达哈葛德、安度阑二氏掇三千五百年前黄金海伦事著为佚史，字之曰“世界之欲”，尔时人间尚具神性，天声神迹往往遇之，故所述率幽秘荒唐，读之令生异感，顾事则初非始作，大半本诸鄂谟（Homer）。鄂谟者古希腊诗人也，生三千年前，著二大诗史，一曰《伊利阿德》（*Iliad*），纪多罗亚战事。初有睚眦神女曰亚理思，以当沛留斯与提谛斯婚宴不见招致，思修怨，因以一频婆果投会中，识其上曰致最美者，海拉，雅典那，亚孚罗迪谛三神女随共争此果，神不能决，宙斯命就巴黎斯断之。巴黎斯者多罗亚王普利安子，方居伊陀山视其羊群，三神女各许以酬，而巴黎斯终纳亚孚罗迪谛之请，愿得美妇人，二神女由是衔多罗亚。未几巴黎斯游希腊，王美纳罗思厚款之，后曰海伦绝美，亚孚罗迪谛为种业恋于胸，见客美之，会王他出，巴黎斯挈后奔，王归索之不听，遂大举伐多罗亚，海拉雅典那为之助，九年不下。后用伊色加健者阿迭修斯策，造大木马空其中，伏甲士百人，弃城外，复率舟师隐邻港中，多罗亚人意敌既去，启城出，见木马，乃拒洛公之谏，舁之入城，入夜伏甲尽出，舟师亦返，多罗亚遂下，希腊人大掠，杀普利安于宙斯神座之下。美纳罗斯复取海伦，将之返国，遭飓风流地中海，抵息普洛思斐尼基埃及诸地，已而至斯巴达，复为国王。后诗人欧黎辟提斯及思德息科洛斯则谓巴黎斯仅得海伦之形，真海伦盖已至埃及云。

诗之二曰《阿迭绥》（*Odyssey*），即记阿迭修斯自多罗亚归，途中涉险见异之事。而《红星佚史》一书则设第三次浪游，述其终局者也。中谓健者浪游，终以见美之自相而止，而美之为相复各随所意而现，无有定形，既遇斯生眷爱，复以是见古恶，生业障，得死亡，眷爱业障死亡三事实出于一本，判而不合，罪恶以生，而为合之期则又在别一劫波，非人智所能计量，健者阿迭修斯之死正天理应然，不足罪台勒戈奴之馈矢，台勒戈奴事亦本鄂谟以后传言，非臆说也。中国近方以说部教道德为桀，举世靡然，斯书之翻似无益于今日之群道，顾说部曼衍自诗，泰西诗多私人制作，主美，故能出自繇之意，舒其文心，而中国则以典章视诗，演至说部，亦立劝惩为臬极，文章与教训漫无畛畦，画最隘之界，使勿驰其神智，否者或群逼拶之，所意不同，成果斯异。然世之现为文辞者实不外学与文二事，学以益智，文以移情，能移人情，文责以尽，他有所益，客而已，而说部者文之属也，读泰西之书当并函泰西之意，以古目观新制，适自蔽耳。他如书中所记埃及人之习俗礼仪，古希腊人之战争服饰，亦咸本古乘，其以色列男巫盖即摩西亚伦，见于《旧约》，所呼神名亦当时彼国人所崇信者，具见神话中，著者之一人阑氏即以神话之学有名英国近世者也。

丁未二月，会稽周逴识。

《匈奴奇士录》序

育珂名摩耳，匈加利人也，以一千八百二十五年二月生于科摩伦，就学巴波大学，进为博士。四十八年匈加利独立之战，育珂亦与，为奥人所忌，及维拉戈思战败则物色之，遂窜迹山林中，数月不出，事平归蒲陀沛思著书，六十一年推为国会议员，至一千九百五年卒。所作小说，都二百五十馀卷，别有国史及自传等甚多。其国人理特耳著《匈加利文学史》，言氏为小说，长于创造，益以意象挺拔，作之藻采，故每成一书，情态万变，且秾丽富美，妙夺人意，自《天方夜谭》以来鲜雠对也。今此所译为七十七年作，原名 *Egy az Isten*，义云神一也，盖匈加利一神宗徒之号，其教非三位一体之说而信天帝为独尊，一千五百六十八年顷始入脱阑锡尔跋，后益曼衍。书记一千八百四十八年事，今述数言以当疏注。

匈加利故黄人，而民种殊杂糅，中以摩陀尔人为主，什克勒义云边人，亦其近族，古匈奴也，其民自称亚帖拉之众。亚帖拉者匈奴语曰遏谛来，匈奴之长，四百五十年哈伦斯战败，遂永居东脱阑锡尔跋，匈奴语曰遏耳兑黎，义云林地。其邻即扶剌赫，义曰异人，自称路曼人，即罗马之变，盖古达奇亚之民及罗马皇帝忒剌扬遗众也。独立之战，摩陀尔及什克勒为主，于是非匈族诸部莫不猜忌，意他日事成必独利二族，而奥国复阴耸之，扶剌赫乃叛，克洛谛亚暨塞尔维亚又戴叶剌契支为渠和之，脱阑锡尔跋一带摧残特甚，此书中本事也。匈加利人先姓后名，正同中国，故译亦仍之。又本书间引他国文字一二言，译之有伤其意，故留原文，附识于此。

戊申五月，会稽周逴记。

《炭画》序

显克微支名罕理克，以一千八百四十五年生于奥大利属之波兰，所撰历史小说数种皆有名于世，其小品尤佳，哀艳动人，而《炭画》一篇为最。炭画云者，谊取简略图形，如稿本也。

丹麦评骘家勃兰兑思作《波兰文章论》，称之曰：“其人才情美富，为文悱恻而深刻，如《炭画》一篇，实其上乘，书言有农妇欲救其夫于军役，遂至自卖，盖杰作也。”又美国人寇丁言，此文作于一千八百七十八年，时著者方客美洲加厘福尼，自云所记多本实事，托名羊头村，以志故乡之情况者也。民生颛愚，上下离析，一村大势，操之凶顽，而农女遂以不免，人为之亦政为之耳。古人有言，庶民所以安其田里而亡叹息愁恨之心者，政平讼理也。观于羊头村之事，其亦可以鉴矣。

己酉二月，译者记。

《黄蔷薇》序

育珂摩耳（Jókai Mór，1825—1905），匈加利人，卒业于巴波大学，为法学博士。一八四八年匈加利革命，与诗人裴象飞（Peṭöfi）共预其事，裴象飞战死，育珂仅以身免。二十年后，独立告成，乃被选为众议员，在职者三十年。育珂生涯虽多涉政治，而甚嗜艺文，著作至二百数十卷，大抵为历史小说，属传奇派，人皆称之曰匈加利之司各得（Scott），而作者自言，则志在法之于俄（Hugo）也。戊申五月余曾译 *Egy az Isten* 一卷，易名《匈奴奇士录》，印行于世，顾尤爱其 *A Sárga Rózsa*，辄复翻为华言，并存原题，曰《黄蔷薇》。是书一八九三年作，育珂年已六十九矣。文学史家贝谛（Beothy Zsolt）评骘素严，乃极称许之，谓足以永作国民文学之华饰云。书之体式，取法于牧歌。牧歌（Eidyllia，Idyll）者始于希腊，相传佃牧女神

Artemis 祭日，牧人吟诗竞胜，是其滥觞，至谛阿克列多斯（Theokritos，生基督三百馀年前）始著为文。初本诗歌，后嬗衍成小说，叙农牧生活，二世纪中朗戈斯（Longos）著《列色波思故事》（*Lesbiaka*）四卷最胜。文艺复兴后，传入欧洲，一时牧歌小说（Pastoral）盛行于世，至十八世纪而衰。育珂生传奇之世，多思乡怀古之情，故推演史事者既多，复写此以为故乡纪念，源虽出于牧歌，而描画自然，用理想亦不离现实，则较古为胜，实近世乡土文学之杰作也。书中所言阿尔拂德，为纯粹摩陀尔（Magyar）种人所居地，平原广远，介帖萨、多瑙二川之间，帖萨者即退伊思，匈加利有此，犹俄国之有伏尔伽大川，古今文人往往取材于此。诃多巴格即临其流，其地风俗物色，皆极瑰异，育珂少时久居其乡，故能言之甚晰。奥匈人赖息（Emil Reich）著《匈加利文学史论》，有云：平原（Puszta）之在匈加利者，数凡三千，而夺勃来钦左近之诃多巴格最有名，常见于斐象飞吟咏。诸平原为状，各各殊异。或皆田圃，植大麦烟草，荏粟成林，或为平芜下隰，间以池塘，且时或茂密，时或荒寒，时或苍凉，时或艳美。……旅人先过荒野无数，渐入一市，当见是中人物如绘，咸作大野景色。

有村人甚谨厚，其妇称小天（Mennyecske，匈加利妇人之尊称），便给善言。又有羊豕牛马之牧者，衣饰不同，人亦具诸色相。牧羊人（Bojtár）在草野间，视羔羖一大队，性温和，善音乐，且知秘密医方，盖所牧羊或病，辄自择草食之，旋愈，牧者审谛，因以博识草木，熟习天然，类术士焉。牧牛者（Gulyás）掌大物牝牡，秉性因野莽好斗，怒牛奔突欲入泽，辄与之角，又斗原上窃牛之贼。牧豕者（Kondás）最下，性阴郁不得意，又善怒，易流为盗。惟牧马者（Csikós）最胜，日引多马游食草原之上。筝与箫为匈加利乐器，马亦匈加利国兽，谚有云，摩陀尔人天生居马上（Lóra termettá Magyar）也。乡人贵胄，无不善骑，其爱马亦至，故诗人亦以之入诗，不异亚刺伯人。牧马者勇健敏捷，长于歌舞，能即兴赋诗。生与马相习，所以御马与马盗之术皆晓彻，披绣衣，广袪飘扬，又年少英武，女郎多爱慕之。第众中最奇特者，莫如可怜儿（Szegény Legény），即原上暴客，世传其事，多吊诡之趣，盖人谓其违法逆经，必缘败北于人世，或伤于爱恋故也。若夫景色之胜，则为海市（Déli báb），每届长夏，亭午溽暑，空中往往见城寨楼塔，大泽山林之象，光辉朗然。行人遇之，如入仙乡，而顷刻尽灭，不留踪影。为匈加利平原者盖如此。（第二十七章裴象飞论）此说匈加利原野情状，圉牧生涯，至为清楚，可作本书注解，因并译录之。

岁在庚戌十二月，译者记。

《点滴》序[①]

这一册里所收的二十一篇小说，都是近两年中——一九一八年一月至一九一九年十二月——的翻译，已经在杂志及日报上发表过一次的，本来还没有结集重印的意思。《新潮》社的傅孟真、罗志希两位先生却都以为这些译本的生命还有扩大的价值，愿意我重编付印；孟真往英国留学的前两日，还催我赶快编定，又要我在序文里将这几篇小说的两件特别的地方——一，直译的文体；二，人道主义的精神，——约略说明，并且将《人的文学》一篇附在卷末。我所以依了他们的热心的劝告，便决意编成这一卷，节取尼采的话，称为《点滴》，重印一回。

【锺校】

①《点滴》于1920年由北大出版部出版，重订后改名《空大鼓》，于1928年由开明书店出版，另有序，此序改称“旧序”。“天马”版误将《空大鼓》的序文与本文互相倒错，现予更换改正。

我从前翻译小说，很受林琴南先生的影响；一九〇六年往东京以后，听章太炎先生的讲论，又发生多少变化，一九〇九年出版的《域外小说集》，正是那一时期的结果。一九一七年在《新青年》上做文章，才用口语体，当时第一篇的翻译，是古希腊的牧歌，小序有一节说：

什法师说，翻译如嚼饭哺人，原是不差，真要译得好，只有不译。若译他时，总有两件缺点；——但我说，这却正是翻译的要素：一，不及原本，因为已经译成中国语。如果还要同原文一样好，除非请谛阿克利多斯（Theokritos）学了中国语，自己来作。二，不像汉文，——有声调好读的文章，因为原是外国著作，如果同汉文一般样式，那就是随意乱改的胡涂文，算不了真翻译。（十一月十八日）

一九一八年答某君的通信里，也有一节：

我以为此后译本，……应当竭力保存原作的风气习惯语言条理，最好是逐字译，不得已也应逐句译，宁可“中不像中，西不像西”，不必改头换面。……但我毫无才力，所以成绩不良，至于方法，却是最为适当。（十一月八日）

在同一封答信里面，又有这一节，是关于[1]小说的内容的：

> 以前选译几篇小说，派别并非一流。因为我的意思，是既愿供读者的随便阅览，又愿积少成多，略作研究外国现代文学的资料，所以译了人生观绝不相同的梭罗古勃与库普林，又译了对于女子解放问题与伊孛然[2]不同的斯忒林培格。

但这些并非同派的小说中间，却仍有一种共通的精神，——这便是人道主义的思想。无论乐观，或是悲观，他们对于人生总取一种真挚的态度，希求完全的解决。如托尔斯泰的博爱与无抵抗，固然是人道主义；如梭罗古勃的死之赞美，也不能不说他是人道主义。他们只承认单位是我，总数是人类：人类的问题的总解决也便包涵我在内，我的问题的解决，也便是那个大解决的初步了。这大同小异的人道主义的思想，实在是现代文学的特色。因为一个固定的模型底下的统一是不可能，也是不可堪的；所以这多面多样的人道主义的文学，正是真正的理想的文学。

我们平常专凭理性，议论各种高尚的主义，觉得

【锺校】

①“于”原作“者”。

②“伊孛然”今译“易卜生”。

十分彻底了，但感情不曾改变，便永远只是空言空想，没有实现的时候。真正的文学能够传染人的感情，他固然能将人道主义的思想传给我们，也能将我们的主见思想，从理性移到感情这方面，在我们的心的上面，刻下一个深的印文，为从思想转到事实的枢纽：这是我们对于文学的最大的期望与信托，也便是我再印这册小集的辩解（Apologia）了。

一九二〇年四月十七日，周作人记于北京。

《绿洲》小引

除了食息以外，一天十二小时，即使在职务和行路上消费了七八时，也还有四五时间可以供自己的读书或工作。但这时候却又有别的应做的事情：写自己所不高兴作的文章，翻阅不愿意看的书报，这便不能算是真的读书与工作。没有自己私有的工夫，可以如意的处置，正是使我们的生活更为单调而且无聊的地方。然而偶然也有一两小时可以闲散的看书，而且所看的书里也偶然有一两种觉得颇惬心目，仿佛在沙漠中见到了绿洲（Oasis）一般，疲倦的生命又恢复了一点活气，引起执笔的兴趣，随意写几句，结果便是这几篇零碎的随笔。

（一九二三年一月二十日）

《土之盘筵》小引

垒柴为屋木，和土作盘筵。

——路德延《孩儿诗》

有一个时代，儿童的游戏被看作犯罪，他的报酬至少是头上凿两下。现在，在开化的家庭学校里，游戏总算是被容忍了；但我想这样的时候将要到来，那刻大人将庄严地为儿童筑“沙堆”①，如筑圣堂一样。

我随时抄录一点诗文，献给小朋友们，当作建筑坛基的一片石屑，聊尽对于他们的义务之百分一。这些东西在高雅的大人先生们看来，当然是“土饭尘羹”，万不及圣经贤传之高深，四六八股之美妙，但在儿童我相信他们能够从这里得到一点趣味。我这几篇小文，专为儿童及爱儿童的父师们而写的，那些

【锺校】

①“沙堆”（Sand Pile）见美国霍耳论文，在《儿童生活与教育之各方面》内。

“蓄道德能文章”的人们本来和我没有什么情分。

可惜我自己已经忘记了儿时的心情，于专门的儿童心理学又是门外汉，所以选择和表现上不免有许多缺点，或者令儿童感到生疏，这是我所最为抱歉的。

（一九二三年七月十日）

《自己的园地》旧序

这一集里分有三部，一是“自己的园地”十八篇，一九二二年所作，二是“绿洲”十五篇，一九二三年所作，三是杂文二十篇，除了《儿童的文学》等三篇外，都是近两年内随时写下的文章。

这五十三篇小文，我要申明一句，并不是什么批评。我相信批评是主观的欣赏不是客观的检察，是抒情的论文不是盛气的指摘；然而我对于前者实在没有这样自信，对于后者也还要有一点自尊，所以在真假的批评两方面都不能比附上去。简单的说，这只是我的写在纸上的谈话，虽然有许多地方更为生硬，但比口说或者也更为明白一点了。

大前年的夏天，我在西山养病的时候，曾经做过一条杂感曰《胜业》，说因为“别人的思想总比我的高明，别人的文章总比我的美妙”，所以我们应该少作多译，这才是胜业。荏苒三年，胜业依旧不修，却写下了几十篇无聊的文章，说来不免惭愧，但是仔细一想，也未必然。我们太要求不朽，想于社会有益，就太抹杀了自己；其实不朽决不是著作的目的，有益社会也并非著者的义务，只因他是这样想，要这样说，这才是一切文艺存在的根据。我们的思想无论如何浅陋，文章如何平凡，但自己觉得要说时便可以大胆的说出来，因为文艺只是自己的表现，所以凡庸的文章正是凡庸的人的真表现，比讲高雅而虚伪的话要诚实的多了。

世间欺侮天才，欺侮着而又崇拜天才的世间也并轻蔑庸人。人们不愿听荒野的叫声，然而对于酒后茶馀的谈笑，又将凭了先知之名去加以诃斥。这都是错的。我想，世人的心与口如不尽被虚伪所封锁，我愿意倾听“愚民”的自诉衷曲，当能得到如大艺术家所能给予的同样的慰安。我是爱好文艺者，我想在文艺里理解别人的心情，在文艺里找出自己的心情，得到被理解的愉快。在这一点上，如能得到满足，我总是感谢的。所以我享乐——我想——天才的创造，也享乐庸人的谈话。世界的批评家法兰西（Anatole France）在《文学生活》（第一卷）上说：

著者说他自己的生活，怨恨，喜乐与忧患的时候，他并不使我们觉得厌倦。……

因此我们那样的爱那大人物的书简和日记，

以及那些人所写的，他们即使并不是大人物，只要他们有所爱，有所信，有所望，只要在笔尖下留下了他们自身的一部分。若想到这个，那庸人的心的确即是一个惊异。

我自己知道这些文章都有点拙劣生硬，但还能说出我所想说的话：我平常喜欢寻求友人谈话，现在也就寻求想像的友人，请他们听我的无聊赖的闲谈。我已明知我过去的蔷薇色的梦都是虚幻，但我还在寻求——这是生人的弱点——想像的友人，能够理解庸人之心的读者。我并不想这些文章会于别人有什么用处，或者可以给予多少怡悦；我只想表现凡庸的自己的一部分，此外并无别的目的。因此我把近两年的文章都收在里边，除了许多讽刺的“杂感”以及不惬意的一两篇论文；其中也有近于游戏的文字，如《山中杂信》等，本是“杂感”一类，但因为这也可以见我的一种癖气，所以将他收在本集里了。

我因寂寞，在文学上寻求慰安：夹杂读书，胡乱作文，不值学人之一笑，但在自己总得了相当的效果了。或者国内有和我心情相同的人，便将这本杂集呈献与他；倘若没有，也就罢了。——反正寂寞之上没有更上的寂寞了。

一九二三年七月二十五日，在北京。

《雨天的书》序一

今年冬天特别的多雨，因为是冬天了，究竟不好意思倾盆的下，只是蜘蛛丝似的一缕缕的洒下来。雨虽然细得望去都看不见，天色却非常阴沉，使人十分气闷。在这样的时候，常引起一种空想，觉得如在江村小屋里，靠着玻璃窗，烘着白炭火钵，喝清茶，同友人谈闲话，那是颇愉快的事。不过这些空想当然没有实现的希望，再看天色，也就愈觉得阴沉。想要做点正经的工作，心思散漫，好像是出了气的烧酒，一点味道都没有，只好随便写一两行，并无别的意思，聊以对付这雨天的气闷光阴罢了。

冬雨是不常有的，日后不晴也将变成雪霰了。但是在晴雪明朗的时候，人们的心里也会有雨天，而且阴沉的期间或者更长久些，因此我这雨天的随笔也就常有续写的机会了。

一九二三年十一月五日，在北京。

《雨天的书》序二

前年冬天《自己的园地》出版以后，起手写《雨天的书》，在半年里只写了六篇，随即中止了。但这个题目我很欢喜，现在仍旧拿了来作这本小书的名字。

这集子里共有五十篇小文，十分之八是近两年来的文字，《初恋》等五篇则是从《自己的园地》中选出来的。这些大都是杂感随笔之类，不是什么批评或论文。据说天下之人近来已看厌这种小品文了，但我不会写长篇大文，这也是无法。我的意思本来只想说我自己要说的话，这些话没有趣味，说又说得不好，不长，原是我自己的缺点，虽然缺点也就是一种特色。这种东西发表出去，厌看的人自然不看，没有什么别的麻烦，不过出版的书店要略受点损失罢了，或者，我希望，这也不至于很大吧。

我编校这本小书毕，仔细思量一回，不禁有点惊诧，因为意外地发见了两件事。一，我原来乃是道德家，虽然我竭力想摆脱一切的家数，如什么文学家批评家，更不必说道学家。我平素最讨厌的是道学家（或照新式称为法利赛人），岂知这正因为自己是一个道德家的缘故；我想破坏他们的伪道德不道德的道德，其实却同时非意识地想建设起自己所信的新的道德来。我看自己一篇篇的文章，里边都含着道德的色彩与光芒，虽然外面是说着流氓似的土匪似的话。我很反对为道德的文学，但自己总做不出一篇为文章的文章，结果只编集了几卷说教集，这是何等滑稽的矛盾。也罢，我反正不想进文苑传（自然也不想进儒林传），这些可以不必管他，还是“从吾所好”，一径这样走下去吧。

二，我的浙东人的气质终于没有脱去。我们一族住在绍兴只有十四世，其先不知是那里人，虽然普通称是湖南道州，再上去自然是鲁国了。这四百年间越中风土的影响大约很深，成就了我的不可拔除的浙东性，这就是世人所通称的“师爷气”。本来师爷与钱店官同是绍兴出产的坏东西，民国以来已逐渐减少，但是他那法家的苛刻的态度，并不限于职业，却弥漫及于乡间，仿佛成为一种潮流，清朝的章实斋、李越缦即是这派的代表，他们都有一种喜骂人的脾气。我从小知道“病从口入祸从口出”的古训，后来又想溷迹于绅士淑女之林，更努力学为周慎，无如旧性难移，燕尾之服终不能掩羊脚，检阅旧作，满口柴胡，殊少敦厚温和之气；呜呼，我其终为“师爷派”矣乎？虽然，此亦属没有法子，我不必因自以为是越人而故意如此，亦不必因其为学士大夫所不喜而故意不如此：我有志为京兆人，而自然乃不容我不为浙人，则我亦随便而已耳。

我近来作文极慕平淡自然的景地，但是看古代或外国文学才有此种作品，自己还梦想不到有能做的一天，因为这有气质境地与年龄的关系，不可勉强。像我这样褊急的脾气的人，生在中国这个时代，实在难望能够从容镇静地做出平和冲淡的文章来。我只希望，祈祷，我的心境不要再粗糙下去，荒芜下去，这就是我的大愿望。我查看最近三四个月的文章，多是照例骂那些道学家的，但是事既无聊，人亦无聊，文章也就无聊了，便是这样的一本集子里也不值得收入。我的心真是已经太荒芜了。田园诗的境界是我以前偶然的避难所，但这个我近来也有点疏远了。以后要怎样才好，还须得思索过，——只可惜现在中国连思索的馀暇都还没有。

十四年十一月十三日，病中倚枕书。

英国十八世纪有约翰妥玛斯密（John Thomas Smith）著有一本书，也可以译作《雨天的书》（*Book for a Rainy Day*），但他是说雨天看的书，与我的意思不同。这本书我没有见过，只在讲诗人勃莱克（William Blake）的书里看到一节引用的话，因为他是勃莱克的一个好朋友。

（十五日又记）

《徐文长的故事》小引

儿时听乡人讲徐文长故事，觉得颇有趣味，久想记录下来，不知怎地终于不果，现在偶遇机缘，就记忆所及，老实地写出。这些故事大抵各处都有类似的传说，或者篇篇分散，或者集合，属于一个有名的古人。英国《市本》(*Chapbook*) 中有《培根长老的故事》，即以 Roger Bacon 为“箭垛”，插上许多魔术故事。南京旧刻有《解学士诗》，将许多打油诗都送给解缙，随处加上本事的叙述。我希望读者如知道这类有趣味的传说，高兴时记录一点，发表出来，不但可供学者研究之用，就是给我们素人看了消遣，也是很可感谢的。

至于我写这篇的原因，十分之一由于想供传说学的资料，十分之二由于觉得很是好玩，十分之三由于想不再讲俏皮话，以免招怨，十分之四——最重要的是怕得罪了人，法厅追问时，被报馆送了出去，虽然是用着别号或匿名。因此我就找到这个讲不负责任的笑话方法，倒是十分合式的一种办法。中国反正是一团糟，我们犯不着为了几句空话被老头子小伙子（他们原是一伙儿）受恨，上区成讼；我们倘被通缉，又没有名流代为缓颊，真是“火筒里煨鳗”了。——啊，“旧性不改，依旧落海”，又要说出不相干的话了，赶快停笔，还是讲徐文长的故事罢。

甲子六月六，记于凤皇砖斋。

《陀螺》序

刘侗《帝京[1]景物略》记童谣云，“杨柳儿活抽陀螺”，又云：“陀螺者木制如小空钟，中实而无柄，绕以鞭之绳而无竹尺，卓于地，急掣其鞭，一掣，陀螺则转无声也。视其缓而鞭之，转转无复住，转之急，正如卓立地上，顶光旋旋，影不动也。”英国哈同（A. C. Haldon）教授在《人之研究》中引希勒格耳（G. V. Schlegel）之说，谓荷兰之陀耳（Tol）从爪哇传至日本，称作独乐，后又流入中国。唯日本源顺（Minamoto no Shitagau）编《和名抄》云：“独乐，（和名）古末都玖利，有孔者也。”独乐明明是汉语，日本语今简称“古末”（Koma）。源顺系十世纪初的人，当中国五代，可见独乐这玩具的名称在唐朝已有，并不是从外洋传入的了。

【锺校】

①“京”原作“城”。

我用陀螺做这本小书的名字，并不因为这是中国固有的旧物，我只觉得陀螺是一件很有趣的玩具，幼小时玩过一种有孔能叫的，俗名“地鹁鸪”，至今还记得，此外又因了《帝京景物略》里的歌辞以及希腊的陶器画，便使我想定了这个名称。这一册小集子实在是我的一种玩意儿，所以这名字很是适合。我本来不是诗人，亦非文士，文字涂写，全是游戏，——或者更好说是玩耍。平常说起游戏，总含有多少不诚实的风雅和故意的玩笑的意味，这也是我所不喜欢的，我的乃是古典文字本义的游戏，是儿戏（Paidia），是玩，画册图像都是玩具（Paignia）之一。我于这玩之外别无工作，玩就是我的工作，虽然此外还有日常的苦工，驮砖瓦的驴似的日程。驮砖瓦的结果是有一口草吃，玩则是一无所得，只有差不多的劳碌，但是一切的愉快就在这里。昨天我看满三岁的小侄儿小波波在丁香花下玩耍，他拿了一个煤球的铲子在挖泥土，模仿苦力的样子用右足踏铲，竭力地挖掘，只有条头糕一般粗的小胳膊上满是汗了，大人们来叫他去，他还是不歇，后来心思一转这才停止，却又起手学摇煤球的人把泥土一瓢一瓢地舀去倒在台阶上了。他这样的玩，不但是得了游戏的三昧，并且也到了艺术的化境。这种忘我地造作或享受之悦乐几乎具有宗教的高上意义，与时时处处拘囚于小主观的风雅大相悬殊：我们走过了童年，赶不着艺术的人，不容易得到这个心境，但是虽不能至，心[①]向往之；既不求法，亦不求知，那么努力学玩，正是我们唯一的道了。

这集子里所收都是翻译。我的翻译向来用直译法，所以译文实在很不漂亮，——虽然我自由抒写的散文本来也就不漂亮。我现在还是相信直译法，因为我觉得没有更好的方法。但是直译也有条件，便是必须达意，尽汉语的能力所及的范围内，保存原文的风格，表现原语的意义，换一句话就是信与达。近来似乎不免有人误会了直译的意思，以为只要一字一字地将原文换成汉语，就是直译，譬如英文的 Lying on his back 一句，不译作“仰卧着”而译为“卧着在他的背上”，那便是欲求信而反不词了。据我的意见，“仰卧着”是直译，也可以说即意译；将它略去不译，或译作“坦腹高卧”以至“卧北窗下自以为羲皇上人”是胡译；“卧着在他的背上”这一派乃是死译了。

古时翻译佛经的时候，也曾有过这样的事，在《金刚经》中“与大比丘众千二百五十人俱”这一句话，达摩笈多译本为“大比丘众共半十三比丘百”，

【镭校】

①“心”原作“必”。

正是相同的例：在梵文里可以如此说法，但译成汉文却不得不稍加变化，因为这是在汉语表现力的范围之外了。这是我对于翻译的意见，在这里顺便说及，至于有些有天才的人不但能够信达雅，而且还能用了什么译把文章写得更漂亮，那自然是很好的，不过是别一问题，现在可以不多说了。

集内所收译文共二百八十篇，计希腊三十四，日本百七十六，其他各国七十。这些几乎全是诗，但我都译成散文了。去年夏天发表几篇希腊译诗的时候，曾这样说过：

> 诗是不可译的，只有原本一首是诗，其他的任何译文都是塾师讲《唐诗》的解释罢了。所以我这几首《希腊诗选》的翻译实在只是用散文达恉，但因为原本是诗，有时也就分行写了：分了行未必便是诗，这是我所想第一声明的。

所以这不是一本译诗集。集中日本的全部，希腊的二十九篇，均从原文译出，其馀七十五篇则依据英文及世界语本，恐怕多有错误，要请识者的指教。这些文章系前后四五年间所写，文体很不统一，编订时不及改正，好在这都是零篇，不相统属，保存原形或者反足见当时的感兴：姑且以此作为辩解罢。

这一点小玩意儿——一个陀螺——实在没有什么

大意思，不过在我是愉快的玩耍的纪念，不免想保留它起来。有喜欢玩耍的小朋友我也就把这个送给他，在纸包上面写上希腊诗人的一句话道：

一点点的礼物，藏着个大大的人情。

中华民国十四年六月十二日，记于北京。

《茶话》小引

茶话一语，照字义说来，是喝茶时的谈话。但事实上我绝少这样谈话的时候，而且也不知茶味，——我只吃冷茶，如鱼之吸水。标题《茶话》，不过表示所说的都是清淡的，如茶馀的谈天，而不是酒后的昏沉的什么话而已。

十四年九月十六日。

汉译《古事记·神代卷》引言

绍原兄，

让我把这鹅毛似的礼物，

远迢迢的从西北城，

送到你的书桌前。

一九二六年一月三十日，周作人。

我这里所译的是日本最古史书兼文学书之一，《古事记》（Kojiki）的上卷，即是讲神代的部分，也可以说是日本史册中所纪述的最有系统的民族神话。《古事记》成于元明天皇的和铜五年（712），当唐玄宗即位的前一年，是根据稗田阿礼（Hieda no Aré）的口述，经安万侣（Yasumaro）用了一种特别文体记下来的。当时日本还没有自己的字母，平常纪录多借用汉字，即如同是安万侣编述的《日本书纪》便是用汉文体所写。《日本书纪》是一部历史，大约他的用意不但要录存本国的史实，还预备留给外国人（自然是中国同朝鲜人）看的，所以用了史书体裁的汉文。但是一方面觉得这样一来就难免有失真之处，因为用古文作文容易使事实迁就文章，更不必说作者是外国人了，所以他们为保存真面目起见，另用一种文体写了一部，这便是《古事记》。（虽然实际上是《古事记》先写成。）因为没有表音的字母可用，安万侣就想出了一个新方法，借了汉字来写，却音义并用，如他的进书表文（这原来是一篇骈文）中所说：“或一句之中交用音训，或一事之内全以训录。”不过如此写法，便变成了一样古怪文体，很不容易读，如第三节中所云，“故二柱神立天浮桥而指下其沼矛以画者，盐许袁吕许袁吕迩画鸣而引上时，自其矛末垂落之盐，累积成岛，是自淤能碁吕岛”，即其一例。但到了十八九世纪，日本国学发达起来，经了好些学者的考订注解，现在已经可以了解了。我这里所译，系用次田润的注释本，并参照别的三四种本子。我的主意并不在于学术上有什么供献，所以未能详征博考，做成一个比较精密完善的译本，这是要请大家预先承认原谅的。

我译这《古事记》神代卷的意思，那么在什么地方呢？我老实说，我的希望是极小的，我只想介绍日本古代神话给中国爱好神话的人，研究宗教史或民俗学的人看看罢了。普通对于这种东西有两样不同的看法，我觉得都不很对，虽然在我所希望他来看的人们自然不会有这些错误。其一是中国人看神话的方法。他们从神话中看出种种野蛮风俗原始思想的遗迹，——其实这是自然不过的事，他们却根据了这些把古代与现代溷在一起，以为这就足以作批评现代文化的论据。如《古事记》第三节里说，二大神用了天之沼矛搅动海水，从矛上滴下来的泡沫就成了岛，叫做“自凝岛”，读者便说这沼矛即是男根的象征，所以日本的宗教是生殖崇拜的。天之沼矛或者是男根的象征（在古人的眼里什么不含有性的意味呢?），但并不能因此即断定后来的宗教思想是怎样。世界民族，起初差不多是生殖崇拜的，后来却会变化，从生殖崇拜可以变出高尚的宗教和艺术，而且在一方面看来，就是生殖崇拜自身，在他未曾堕落的时候，也不是没有他的美的。大家知道希腊的迭阿女索思祭（Dionysia），本为生殖崇拜之一相，后来的那伟大的戏剧却即由此而起。即在其初未经蜕变之时，如“布鲁达奇”（Plutarch）所说：“昔者先民举行迭阿女索思之祭，仪式质朴而至欢愉，有行列，挈酒一瓶，或一树枝，或牵羊，或携柳筐，中贮无花果，而殿以生支（Phallos）。”固纯是原始的仪式，但见于艺术者，如许多陶器画上之肩菡萏的“狂女”（Mainades）以及发风露丑的“山精”（Satyroi），未始不是极有趣味的图像。我们可以把那些原始思想的表示作古文学古美术去欣赏，或作古文化研究的资料，但若根据了这个便去批评现代的文明，这方法是不大适用的。

其二是日本人看神话的方法，特别是对于《古事记》。日本自己有“神国”之称，又有万世一系的皇室，其国体与世界任何各国有异，日本人以为这就因为是神国的关系，而其证据则是《古事记》的传说。所以在有些经国家主义的教育家炼制成功的忠良臣民看来，《古事记》是一部“神典”，里边的童话似的记事都是神圣的，有如《旧约》之于基督教徒，因为这是证明天孙的降临的。关于邻国的事我们不能像《顺天时报》那样任情的说，所以不必去多讲他，但这总可以说明，我们觉得要把神话看作信史也是有点可笑的，至少不是正当的看法。十多年前日本帝国大学里还不准讲授神话学，当初我也不明白是什么缘故，后来看夏目漱石集中的日记，才知道因为日本是神国，讲神话学就有亵渎国体的嫌疑了。就这一件事，可以想见这种思想是多么有势力。可是近年来形势也改变了，神话学的著作出版渐多（虽然老是这两三个著者），连研究历史及文化的也吸收了这类知识，在古典研究上可以说起了一个革命。做有四大厚册（尚缺一册，未完成）《文学上国民思想之研究》的津田博士在《神代史研究》上说，《古事记》中所记的神代故事并不是实际经过的事实，乃是国民想象上的事实；后人见了万世一系的情形，想探究他的来源，于是编集种种传说，成为有系统的纪载，以作说明。这个说法似乎很是简单，而且也是当然，但在以前便不能说（当然现在也有些人还不以为然），更不必说能保全文学博士的头衔了。人类学者鸟居博士新著《人类学上看来的我国上古文化》第一卷，引了东北亚洲各民族的现行宗教，来与古代日本相印证，颇有所发明。照他所讲的看来，神代纪上的宗教思想大抵是萨满教（Shamanism）的，与西伯利亚的鞑靼以及回部朝鲜都有共同之点。此于人类学上自是很有意义的左证，但神典之威严却也不能没有动摇了。我说日本人容易看《古事记》的神话为史实，一方面却也有这样伟大之学术的进展，这一点是我们中国人不得不对着日本表示欣羡的了。

（对于万世一系的怀疑，在日本的学者中间并不是没有。好些年前有一个大学教授讲到进化，说即如日本的国体也要改变，因此就革了职，但我记不清这事的详情和他的姓名了。一九二一年九月的《东方时论》上登载法学博士青木彻二的一篇随笔，名曰 Zoku Seso Ibukashiki，译出来可以称作《续世事之离奇》，出版后即被政府禁止，据斋藤昌三的《近代文艺笔祸史》说：

> 作者青木博士终以朝宪紊乱罪下狱，在这一年里大学助教授森户辰夫，帆足理一郎，野村隈畔等，或处徒刑，或处多大之罚金，学者之有名笔祸事件相继发生。

除森户外，别人的事件内容我都不很清楚，但青木博士的我还记得，虽然杂志是禁止没收了。他的犯罪也是因为对于万世一系的怀疑。他对访问的记者说明他的意思，他不满意于一般关于国体的说法，以为日本是与世界各国绝不相同的；他不愿意被人家看作一种猴子似的异于普通人类的东西，发愤要表明日本人也是人，也有人类同具的思想与希望，所以写那一篇文章，即因此得罪在所不惜。这种精神也值得佩服，虽然与现在所谈的神话问题无甚关系。）

《古事记》神话之学术的价值是无可疑的，但我们拿来当文艺看，也是颇有趣味的东西。日本人本来是艺术的国民，他的制作上有好些印度中国影响的痕迹，却仍保有其独特的精彩；或者缺少庄严雄浑的空想，但其优美轻巧的地方也非远东的别民族所能及。

他还有他自己的人情味，他的笔致都有一种润泽，不是干枯粗厉的，这使我最觉得有趣味。和辻哲郎著《日本古代文化》，关于这点说的很是明白，虽然他的举例多在《古事记》的后二卷，但就是在神话里也可以看出一点来。不过我的译文实在太是不行了，这在我还未动笔之先就早已明白的感到，所以走失了不少的神采。此刻只好暂时这样的将就，先发表出来，将来如有进步当再加校订吧。再见！

《酒后主语》小引

现时中国人的一部分已发了风狂，其馀的都患着痴呆症。只看近来不知为着什么的那种执拗凶恶的断杀，确乎有点异常，而身当其冲的民众却似乎很麻木，或者还觉得舒服，有些被虐狂（Masochism）的气味。简单的一句话，大家都是变态心理的朋友。我恐怕也是痴呆症里的一个人，只是比较的轻一点，有时还要觉得略有不舒服；凭了遗传之灵，这自然是极微极微的，可是，嗟夫，岂知就是忧患之基呢？这个年头儿，在风狂与痴呆的同胞中间，哪里有容人表示不舒服之馀地。你倘若有牢骚，只好安放在肚子里，要上来的时候，唯一的方法是用上好黄酒将他浇下去，和儿时被老祖母强迫着吞仙丹时一样。这个年头儿真怪不得人家要喝酒。但是普通的规则，喝了酒就会醉，醉了就会喜欢说话，这也是没有法子的事。只要说的不犯讳，没有违碍字样，大约还不妨任其发表，总要比醒时所说的胡涂一点儿。我想为《语丝》写点文章，终于写不成，便把这些酒后的胡思乱想录下来，暂且敷衍一下。前朝有过一种名叫《茶馀客话》的书，现在就援例题曰《酒后主语》罢。

民国十五年七月二十六日灯下记。

《狂言十番》序

四五年前，还是孙伏园君在编《晨报副刊》的时候，我译了些古希腊的东西，登在报上，题名《古文艺》。后来又将两篇日本的“狂言”译了出来，也登在里边。丸山昏迷君见了很是喜欢，竭力怂恿我多译几篇，可以出一本小书，答应我去代搜集插画。我觉得这倒也很好玩，便说就这样办罢，但是终于懒得动手，虽然本拟编入《陀螺》里的两篇狂言——《骨皮》与《伯母酒》——已经抽下，放入别一个纸盒子里了。民国十三年丸山君归国去了一趟，抱病回京，躺在川田医院多日，又复归故乡去，以后就没有消息，直等到山川早水君写信给我，才知道他终于故去了。狂言我本是欢喜的，现在又似乎欠了亡友的一笔债，宿诺未践，心常耿耿。从次年起着手续译，先后共得十篇，遂编作一集，题曰《狂言十番》。“狂言”本系日本名词，因无适当译名，故沿用原文，并取原用专门语“十番”纪数，似颇相称，虽然中国亦有此语，如音乐上之“打十番”及“马上十番”之类。我所据的原文，“鹭流”系芳贺矢一校本《狂言二十番》，“和泉”及“大藏流”则为幸田成行校本《狂言全集》，此外山崎麓校注本《狂言记》及《外编》也稍资参照。插画则从《狂言全集》选取五图，又山口蓼洲画《狂言百番》中亦取三幅。译文因非一时之作，文句语气颇有出入，今悉仍其旧，不加改易。关于狂言之说明，在有几篇的附记里稍有说及，现在也不多赘了，因为我觉得这一本小书原来不是研究狂言之作，要研究也非我的微力所能及，所以用不着那些方板的论文。我译这狂言的缘故只是因为他有趣味，好玩，我愿读狂言的人也只得到一点有趣味好玩的感觉，倘若大家不怪我这是一个过大的希望。“人世难逢开口笑”，真是的，在这个年头儿。我只可惜丸山君死了，他不能再看了这小本子说“到底出来了么?”而微微的一笑了。

民国十五年八月三十一日，周作人记于北京内右四区苦雨斋。

《艺术与生活》序一

这一本书是我近十年来的论文集，自一九一七至一九二六年间所作，共二十篇，文章比较地长，态度也比较地正经，我对于文艺与人生的意见大抵在这里边了，所以就题名曰《艺术与生活》。

这里边的文章与思想都是没有成熟的，似乎没有重印出来给人家看的价值，但是我看这也不妨。因为我们印书的目的并不在宣传，去教训说服人，只是想把自己的意思说给人听，无论偏激也好浅薄也好，人家看了知道这大略是怎么一个人，那就够了。至于成熟那自然是好事，不过不可强求，也似乎不是很可羡慕的东西，——成熟就是止境，至少也离止境不远。我如有一点对于人生之爱好，那即是她的永远的流转；到得一个人官能迟钝，希望“打住”的时候，大悲的“死”就来救他脱离此苦，这又是我所有对于死的一点好感。

这集里所表示的，可以说是我今日之前的对于艺术与生活的意见之一部分，至于后来怎样，我可不能知道。但是，总该有点不同罢。其实这在过去也已经可以看出一点来了，如集中一九二四年以后所写的三篇，与以前的论文便略有不同，照我自己想起来，即梦想家与传道者的气味渐渐地有点淡薄下去了。

一个人在某一时期大抵要成为理想派，对于文艺与人生抱着一种什么主义。我以前是梦想过乌托邦的，对于新村有极大的憧憬，在文学上也就有些相当的主张。我至今还是尊敬日本新村的朋友，但觉得这种生活在满足自己的趣味之外恐怕没有多大的觉世的效力，人道主义的文学也正是如此，虽然满足自己的趣味，这便已尽有意思，足为经营这些生活或艺术的理由。以前我所爱好的艺术与生活之某种相，现在我大抵仍是爱好，不过目的稍有转移，以前我似乎多喜欢那边所隐现的主义，现在所爱的乃是在那艺术与生活自身罢了。

此外我也还写些小文章，内容也多是关系这些事情的，只是都是小篇，可以算是别一部类，——在现今这种心情之下，长篇大约是不想写了，所以说这本书是我唯一的长篇的论文集亦未始不可。我以后想只作随笔了。集中有三篇是翻译，但我相信翻译是半创作，也能表示译者的个性，因为真的翻译之制作动机应当完全由于译者与作者之共鸣，所以我就把译文也收入集中，不别列为附录了。

一九二六年八月十日，于北京城西北隅，听着城外的炮声记。

《艺术与生活》序二

这是四年前所编，由陈芝寿先生经手，交群益书社刊行的书，前日得书社来信，说不久即将出版，序文寄在陈先生处，而陈先生于上月作古，无从寻觅，嘱为重钞寄去，因此将登在《语丝》九十三期上的序撕下一页寄给书社，不禁想添写几句话在这后面。

四年前所编的书现在将出版，而经手的陈先生乃已作古，这很引起我的感叹。我与陈先生虽不曾见过面，但自从《新青年》以后便已知道他，通过好许多次信，我的不成气候的译著——《域外小说集》和这本文集——都承他不弃应允刊行，更是我所感激的。现在这书正将出版而陈先生已不及见，未免令我感得一种寂寞。不过我所觉得更可感叹的或者倒还是在我自己。我在原序上说此后想不写长篇，只拟作随笔，当时有上海的朋友痛加谴责，以为倚老卖老，其实这是实情，是没有办法的事。我本来是无信仰的，不过以前还凭了少年的客气，有时候要高谈阔论地讲话，亦无非是自骗自罢了。近几年来却有了进步，知道自己的真相，由信仰而归于怀疑，这是我的“转变方向”了。不过我并不倚老卖老地消极，我还是很虚心地想多知道一点事情，无论这是关于生活或艺术以至微末到如“河水鬼”这类东西。我现在没有什么要宣传，我只要听要知道。但是，以前这么主张过，却也未始不可让人家知道，反正是随便看看，说得对不对也没有多大关系罢。

民国十九年十月三十日，岂明于北平苦雨斋。

《谈龙·谈虎集》序

近几年来所写的小文字，已经辑集的有《自己的园地》等三册一百二十篇，又《艺术与生活》里二十篇，但此外散乱着的还有好些，今年暑假中发心来整理他一下，预备再编一本小册子出来。等到收集好了之后一看，虽然都是些零星小品，篇数总有一百五六十，觉得不能收在一册里头了，只得决心叫他们“分家”，将其中略略关涉文艺的四十四篇挑出，另编一集，叫作《谈龙集》，其余的一百十几篇留下，还是称作《谈虎集》。

书名为什么叫做谈虎与谈龙，这有什么意思呢？这个理由是很简单的。我们（严格地说应云我）喜谈文艺，实际上也只是乱谈一阵，有时候对于文艺本身还不曾明了，正如我们著《龙经》，画水墨龙，若问龙是怎样的一种东西大家都没有看见过。据说从前有一位叶公，很喜欢龙，弄得一屋子里尽是雕龙画龙，等得真龙下降，他反吓得面如土色，至今留下做人家的话柄。我恐怕自己也就是这样地可笑。但是这一点我是明白的，我所谈的压根儿就是假龙，不过姑妄谈之，并不想请他来下雨，或是得一块的龙涎香。有人想知道真龙的请去找豢龙氏去，我这里是找不到什么东西的。我就只会讲空话，现在又讲到虚无飘渺的龙，那么其空话之空自然更可想而知了。

《谈虎集》里所收的是关于一切人事的评论。我本不是什么御史或监察委员，既无官守，亦无言责，何必来此多嘴，自取烦恼？我只是喜欢讲话，与喜欢乱谈文艺相同，对于许多不相干的事情，随便批评或注释几句，结果便是这一大堆的稿子。古人云，谈虎色变，遇见过老虎的人听到谈虎固然害怕，就是没有遇见过的谈到老虎也难免心惊，因为老虎实在是可怕的东西，原是不可轻易谈得的。我这些小文，大抵有点得罪人得罪社会，觉得好像是踏了老虎尾巴，私心不免惴惴，大有色变之虑，这是我所以集名谈虎之由来，此外别无深意。这一类的文字总数大约在二百篇以上，但是有一部分经我删去了，小半是过了时的，大半是涉及个人的议论；我也曾想拿来另编一集，可以表表在“文坛”上的一点战功，但随即打消了这个念头，因为我的绅士气（我原是一个中庸主义者）到底还是颇深，觉得这样做未免太自轻贱，所以决意模仿孔仲尼笔削的故事，而曾经广告过的《真谈虎集》于是也成为有目无书了。

《谈龙》《谈虎》两集的封面画都是借用古日本画家光琳（Korin）的，在《光琳百图》中恰好有两张条幅，画着一龙一虎，便拿来应用，省得托人另画。——《真谈虎集》的图案本来早已想好，就借用后《甲寅》的那个木铎里黄毛大虫。现在计划虽已中止，这个巧妙的移用法总觉得很想的不错，废弃了也未免稍可惜，只好在这里附记一下。

民国十六年十一月八日，周作人，于北京苦雨斋。

《苦雨斋小书》序[①]

寒假中整理旧稿，想编一种《苦雨斋小书》，已成就两册，其一是《冥土旅行》及其他三篇，其二是《玛加尔的梦》。重读《冥土旅行》一过，觉得这桓灵时代的希腊作品竟与现代的《玛加尔的梦》异曲同工，所不同者只因科罗连珂曾当西比利亚的政治犯，而路吉亚诺思乃是教读的“哲人”（Sophistes）而已。在人性面前，二千年的时光几乎没有什么威力。然而我们青年非常自馁，不敢读古典文学，恐怕堕落，如古代圣徒之于女人；有人译一篇上古诗文，又差不多就有反革命之嫌疑。我想，这其实何至于此呢？据我看来，有时古典文学作者比现在的文士还要更明智勇

【锺校】

① 此文收入《谈虎集》时的题目为《小书》。另有一篇作于“（民国）十六年二月二十八日”的《〈苦雨斋小书〉序》，收入了《苦雨斋小书》之一的《冥土旅行》和之二的《玛加尔之梦》，却并未被收入这本《苦雨斋序跋文》。

敢，或更是革命的；我们试翻阅都吉迪台思的历史，欧利比台思的戏剧，当能看出他们的思想态度还在欧战时的霍普忒曼诸人之上，就是一例。中国青年现在自称二十世纪人，看不起前代，其实无论哪一时代（不是中国）的文人都可以作他们的师傅，针砭他们浅薄狭隘的习气。旧时代的思想自然也有不对的，这便要凭了我们的智力去辨别他；倘若我们费了许多光阴受教育，结果还连这点判断力都没有，那么不是这种教育已经破产，就一定我们自己是低能无疑了。

（十六年二月十日）

《泽泻集》序

近几年来我才学写文章，但是成绩不很佳。因为出身贫贱，幼时没有好好地读过书，后来所学的本业又与文学完全无缘，想来写什么批评文字，非但是身分不相应，也实在是徒劳的事。这个自觉却是不久就得到，近来所写只是感想小篇，但使能够表得出我自己的一部分，便已满足，绝无载道或传法的意思。有友人问及，在这一类随便写的文章里有那几篇是最好的，我惭愧无以应，但是转侧一想，虽然够不上说好，自己觉得比较地中意，能够表出一点当时的情思与趣味的，也还有三五篇，现在便把他搜集起来，作为“苦雨斋小书”之一。

戈尔特堡（Isaac Goldberg）批评蔼理斯（Havelock Ellis）说，在他里面有一个叛徒与一个隐士，这句话说得最妙：并不是我想援蔼理斯以自重，我希望在我的趣味之文里也还有叛徒活着。我毫不踌躇地将这册小集同样地荐于中国现代的叛徒与隐士们之前。

至于书名泽泻，那也别无深意，——并不一定用《楚辞》的“筐泽泻以豹鞟兮”的意思，不过因为喜欢这种小草，所以用作书名罢了。在日本的“纹章”里也有泽泻，现在就借用这个图案放在卷首。

十六年八月七日，于北京。

《两条血痕》后记

上边所辑录的几篇作品，都是前几年所译，就是其中最近译出的一篇，也已经是去年的事了。这一两年来，也未必因为是住在北京的缘故罢，我的心总是不能安静，译述的笔好久不动了，虽然心里未尝没有好几种想译的东西，如《梭格拉第的辩解》等。日本的作品，我也想续译，有几个人的著作我颇喜欢，但是日月荏苒地过去，到现在收集起来，还只有这六篇东西。我觉得不好意思倚老卖老地把“疏懒衰老”等话头来做口实，总之是自己不大长进之故，虽然因了“讨赤”的刀枪声把神志震昏了，那也实在很有点关系。却喜近来国内出板界大有生气，日本文学的介绍与译述，也渐渐地多起来了，我姑且把这册小书拿出来凑凑热闹，——旧稿发清了，这意思就是说可以预备写新稿了，无论能不能够实行，总之且把他当作我们的一个新年的希望罢。

民国十六年十月十日，周作人记于北京苦雨斋。

《空大鼓》序[1]

这一册是《点滴》的改订本。原本在一九二〇年编印，早已绝版了，现在重加编订，《小小的一个人》归到日本小说集里去了，《沙漠间的三个梦》收入C. F. 女士所译的《梦》里，所以把它连《欢乐的花园》都删除了，另外补入了三篇，计德国、西班牙、犹太各一，一总仍旧是二十一篇。不过附录的文章统取消了，这都已编入《艺术与生活》里了，虽然这部老不出版；又尼采的文句与题目一并撤去，因为我不欢喜那个意思，今改名曰《空大鼓》，这就是集内第一篇小说的名字。

将全书校读一遍，觉得有好些仍旧是颇可喜的，因为原文是好的，虽然译文很有点幼稚。我所最喜欢

【锺校】

①“天马”版误将本篇的文字内容与《〈点滴〉序》互相倒错，已予更换改正。

的是库普林的一篇《晚间的来客》，和伊巴涅支的《颠狗病》，这是一九二一年我在西山养病时所译，是登在《新青年》上最后的一篇小说了。一九二三年秋天我译英国斯威夫德（Swift）的《育婴刍议》（*A Modest Proposal*）的时候，在附记里曾说及这《颠狗病》：

> 有时又忽然爱好深刻痛切之作，仿佛想把指甲尽力的掐进肉里去，感到苦的痛快。在这时候我就着手译述特别的文字，前年在西山养病时所译的《颠狗病》和这篇《刍议》都是一例。

《空大鼓》这一类的东西不是我现在所以为最好的，我只觉得它写得还不错，至于内含的意思却不一定是可以服膺的了。单纯的信仰（Simple Faith）在个人或是幸福，但我觉得明净的观照更有兴趣。人生社会真是太复杂了，如实地观察过去，虽然是身入地府，毕生无有出期，也似乎比一心念着安养乐邦以至得度更有一点意思。这是我后来的见解，但回过来重阅以前的译文，觉得十九都还不差，所以还想保存它，但是反正是旧译，除改正错字及标点以外一仍其旧，即如代表女性的字也仍用“伊”，不去把它一一改写作“她”了。

民国十七年八月二十二日于北平，周作人。

《专斋漫谈》跋[①]

何谓专斋？此有三义。甲，斋中有一块古砖，因以为号焉。乙，专者不专也，言于学问不专一门，只是“三脚猫”地乱说而已也。丙，专借作颛，颛蒙愚鲁。昔者“狂飙”主人为豫言三世，初名开明，继为岂明，复次当为不明，今故奉教以专为名尔。三者义各有当。谈及古董时取甲义，妄论学艺，则取乙义，又若对于社会信口雌黄，有违圣教，不洽舆情，老夫攒眉，小生竖发，乃悉由于不明之故，应作丙义解也。

中华民国十七年十二月一日，于北平市。

【锺校】

①《永日集》作《〈专斋漫谈〉序》，自注云：“《漫谈》未续写，移作本集代跋。”

《永日集》序

民国十七年是年成不很好的年头儿。虽然有闲似地住在北京，却无闲去住温泉，做不出什么大文章。一总收在这小册子里，还不到全部的三分之二，其一小半乃是十七年以前所写的东西。

有五篇是翻译。有人或要不赞成，以为翻译不该与自作的文章收在一起。这句话自然言之成理。但我有一种偏见，文字本是由我经手，意思则是我所喜欢的，要想而想不到，欲说而说不出的东西，固然并不想霸占，觉得未始不可借用。正如大家引用所佩服的古人成句一样，我便来整章整节地引用罢了。这些译文我可以声明一句，在这集内是最值得读的文字，我现在只恨译得太少。在自己的文章中只有一篇《忒罗亚的妇女》觉得较好，这篇戏曲的原文实在也值得全译。

我的文章中所谈的总还是不出文学和时事这两个

题目。关于文学我的意见恐怕如不是老朽也是外行的，——其实外行我原是的。我的意思说在《〈大黑狼的故事〉序》里，虽然谷万川君就不佩服。至于时事到现在决不谈了，已详《闭户读书论》中，兹不赘。

民国十八年二月十五日，岂明，于北平。

《过去的生命》序

这里所收集的三十多篇东西，是我所写的诗的一切。我称他为诗，因为觉得这些的写法与我的普通的散文有点不同。我不知道中国的新诗应该怎么样才是，我却知道我无论如何总不是个诗人，现在“诗”这个字不过是假借了来，当作我自己的一种市语罢了。其中二十六篇，曾收在《雪朝》第二集中，末尾七篇是新加入的，就用了第十二篇《过去的生命》做了全书的名字。这些“诗”的文句都是散文的，内中的意思也很平凡，所以拿去当真正的诗看当然要很失望，但如算他是别种的散文小品，我相信能够表现出当时的情意，亦即是过去的生命，与我所写的普通散文没有什么不同。因为这样缘故，我觉得还可以把他收入“苦雨斋小书”的里边，未必是什么敝帚自珍的意思，若是献丑狂（Exhibitionism）呢，那与天下滔滔的文士一样，多少怕有一点儿罢？

书面图案系借用库普加（Erahk Kupka）的画，题曰《生命》。我是不懂美术的，只听说他的画是神秘派的，叫做什么 Orphism，也不知道他是哪里人。

一九二九年八月十日，周作人于北平。

《草木虫鱼》小引

明李日华著《紫桃轩杂缀》卷一云，白石生辟谷嘿坐，人问之不答，固问之，乃云“世间无一可食，亦无一可言”。这是仙人的话，在我们凡人看来不免有点过激，但大概却是不错的，尤其是关于那第二点。在写文章的时候，我常感到两种困难，其一是说什么，其二是怎么说。据胡适之先生的意思这似乎容易解决，因为只要“要说什么就说什么”和“话怎么说就怎么说”便好了，可是在我这就是大难事。有些事情固然我本不要说，然而也有些是想说的，而现在实在无从说起。不必说到政治大事上去，即使偶然谈谈儿童或妇女身上的事情，也难保不被看出反动的痕迹，其次是落伍的证据来，得到古人所谓笔祸。这个内容问题已经够烦难了，而表现问题也并不比它更为简易。我平常很怀疑心里的“情”是否可以用了“言”全表了出来，更不相信随随便便地就表得出来。

什么嗟叹啦，永歌啦，手舞足蹈啦的把戏，多少可以发表自己的情意，但是到了成为艺术再给人家去看的时候，恐怕就要发生了好些的变动与间隔，所留存的也就是很微末了。死生之悲哀，爱恋之喜悦，人生最深切的悲欢甘苦，绝对地不能以言语形容，更无论文字，至少在我是这样感想。世间或有天才自然也可以有例外，那么我们凡人所可以文字表现者只是某一种情意，固然不很粗浅但也不很深切的部分，换句话来说，实在是可有可无不关紧急的东西，表现出来聊以自宽慰消遣罢了。从前在上海某月刊上见过一条消息，说某人要提倡文学无用论了，后来不曾留心不知道这主张发表了没有，有无什么影响，但是我个人却的确是相信文学无用论的。我觉得文学好像是一个香炉，他的两旁边还有一对蜡烛台，左派和右派。无论那一边是左是右，都没有什么关系，这总之有两位，即是禅宗与密宗，假如容我借用佛教的两个名称。文学无用，而这左右两位是有用有能力的。禅宗的作法的人不立文字，知道它的无用，却寻别的途径。辟历似的大喝一声，或一棍打去，或一句干矢橛，直截地使人家豁然开悟，这在对方固然也需要相当的感受性，不能轻易发生效力，但这办法的精义实在是极对的，差不多可以说是最高理想的艺术。不过在事实上艺术还着实有志未逮，或者只是音乐有点这样的意味，缠缚在文字语言里的文学虽然拿出什么象征等物事来在那里挣扎，也总还追随不上。密宗派的人单是结印念咒，揭谛揭谛波罗揭谛几句话，看去毫无意义，实在含有极大力量，老太婆高唱阿弥陀佛，便可安心立命，觉得西方有分，绅士平日对于厨子呼来喝去，有朝一日自己做了光禄寺小官，却是顾盼自雄，原来都是这一类的事。即如古今来多少杀人如麻的钦案，问其罪名，只是大不敬或大逆不道等几个字儿，全是空空洞洞的，当年却有许多活人死人因此处了各种极刑，想起来很是冤枉，不过在当时，大约除本人外没有不以为都是应该的罢。名号——文字的威力大到如此，实在是可敬而且可畏了。文学呢，它是既不能令又不受命，它不能那么解脱，用了独一无二的表现法直截地发出来，却也不会这么刚勇，凭空抓了一个唵字塞住了人家的喉管，再回不过气来，结果是东说西说，写成了四万八千卷的书册，只供闲人的翻阅罢了。我对于文学如此不敬，曾称之曰不革命，今又说它无用，真是太不应当了。不过我的批评全是好意的，我想文学的要素是诚与达，然而诚有障害，达不容易，那么留下来的，试问还有些什么？老实说，禅的文学做不出，咒的文学不想做，普通的文学克复不下文字的纠缠的可做可不做，总结起来与“无一可言”这句话岂不很有同意么？话虽如此，文章还是可以写，想写，关键只在这一点，即知道了世间无一可言，自己更无做出真文学来之可能，随后随便找来一个题目，认真去写一篇文章，却也未始不可，到那时候或者简直说世间无一不可言，也很可以罢，只怕此事亦大难，还须得试试来看，不是一步就走得到的。我在此刻还觉得有许多事不想说，或是不好说，只可挑选一下再说，现在便姑且择定了草木虫鱼，为什么呢？第一，这是我所喜欢，第二，他们也是生物，与我们很有关系，但又到底是异类，由得我们说话。万一讲草木虫鱼还有不行的时候，那么这也不是没有办法，我们可以讲讲天气罢。

（十九年旧中秋）

《苦茶随笔》小引[1]

十七年春间想到要写《夜读抄》，曾做了一篇小引，其文曰：

幼时读古文，见《秋声赋》第一句云，“欧阳子方夜读书”，辄涉幻想，仿佛觉得有此一境，瓦屋纸窗，灯檠茗碗，室外有竹有棕榈，后来虽见“红袖添香夜读书”之句，觉得也有趣味，却总不能改变我当初的空想。先父在日，住故乡老屋中，隔窗望邻家竹园，常为言其志愿，欲得一小楼，清闲幽寂，可以读书，但先父侘傺不得意，如卜者所云，“性高于天，命薄如纸”，才过本寿，遽以痼疾卒，病室乃更湫隘，窗外天井才及三尺，所云理想的书室仅留其影象于我的胸中而已。我自十一岁初读《中庸》，前后七八年，

【锺校】

①《苦茶随笔》未用此文，另有小引。

学书不成，几乎不能写一篇满意的文章，庚子之次年遂往南京充当水兵，官费读书，关饷以作零用，而此五年教练终亦无甚用处，现在所记得者只是怎样开枪和爬桅竿等事。以后奉江南督练公所令派往日本改习建筑，则学“造房子”又终于未成，乃去读古希腊文拟改译《新约》，虽然至今改译也不曾实行，——这个却不能算是我的不好，因为后来觉得那官话译本已经适用，用不着再去改译为古奥的文章了。这样我终于没有一种专门的学问与职业，二十年来只是打杂度日，如先父所说的那样书室我也还未能造成，只存在我的昼梦夜梦之间，使我对于夜读也时常发生一种爱好与憧憬。我时时自己发生疑问，像我这样的可以够得上说是读书人么？这恐怕有点难说罢。从狭义上说，读书人应当就是学者，那我当然不是。若从广义上说来，凡是拿着一本书在读，与那不读的比较，也就是读书人了，那么或者我也可以说有时候是在读书，夜读呢，那实在是不，因为据我的成见夜读须得与书室相连的，我们这种穷忙的人那里有此福分，不过还是随时偷闲看一点罢了。看了如还有工夫，便随手写下一点来，也并无什么别的意思，只是不愿意使自己的感想轻易就消散，想叫他多少留下一点痕迹，所以写下几句。因为觉得夜读有趣味，所以就题作《夜读抄》，其实并不夜读已如上述，而今还说诳称之曰夜读者，此无他，亦只是表示我对于夜读之爱好与憧憬而已。民国十七年一月三日于北京。

光阴荏苒，四年的时光差不多过去了，《夜读抄》还只写了一节，检出来看，殊不胜其感慨。小引的文章有些近于感伤，略有点不喜欢，但是改也可以不必了，而写《夜读抄》之类的意思却还是有，实在这几年来时时想到，只是总没有动笔的兴致，所以终于搁下。这回因友人们的策励，决心再来续写，仍将旧引抄上，总题目改为《苦茶随笔》，盖言吃苦茶时所写者耳。

在这小文章里所说的大抵是关于书或人，向来读了很受影响或是觉得喜欢的，并不是什么新著的批评介绍，实在乃是一种回忆罢了。这里所谈差不多都是外国的东西，这当然不是说中国的无可谈，其原因很简单，从小读中国书惯了，就不以为奇，所受影响自己也不大觉得，所以有点茫然，即使想说也有无从说起之慨。中国思想大约可以分为儒道释三家，释道二氏之说有时觉得极透彻可喜，但自己仔细思量，似乎我们的思想仍以儒家为大宗，我想这也无可讳言，不过尚不至于与后世的儒教徒合流，差堪自慰耳。古代文人中我最喜诸葛孔明与陶渊明，孔明的《出师表》是早已读烂了的古文，也是要表彰他的忠武的材料，我却取其表现不可为而为之的精神，是两篇诚实的文章，知其不可而为之确是儒家的精神，但也何尝不即是现代之生活的艺术呢？渊明的诗不必再等我们来恭维，早有定评了，我却很喜欢他诗中对于生活的态度。所谓“衣沾不足惜，但使愿无违”，似乎与孔明的同是一种很好的生活法。六朝的著作我也有些喜欢，如《世说新语》《洛阳伽蓝记》《颜氏家训》等，末一种尤有意思，颜之推虽归依佛教，而思想宽博，文辞恬澹，几近渊明，《终训》一篇与自挽诗有殊途同归之致，常叹中国缺少如兼好法师那样的人，唯颜之推可与抗衡，陶公自然也行，只是散文流传太少，不足以充分表现罢了。降至明季公安竟陵两派的文章也很引动我的注意，三袁虽自称上承白苏，其实乃是独立的基业，中国文学史上言志派的革命至此才算初次成功，民国以来的新文学只是光复旧物的二次革命，在这一点上公安派以及竟陵派（可以算是改组派罢？）运动是很有意思的，而其本身的文学亦复有他的好处，如公安之三袁，伯修、中郎、小修，竟陵之谭友夏、刘同人、王季重，以及集大成的张宗子，我觉得都有很好的作品，值得研究和诵读。但是，我只是罗列个人偏好的几类文章，还没有敢来批评讲解的力气和意思，所以暂且不多谈了。此外尚有八股试帖诗钟对联灯谜等东西，我也很看重他们，觉得要了解中国古今的文学实有旁通这些学问的必要，很想对于他们作一严肃的研究，不过这是五年十年的事业，现在这种涉猎只是吃路旁草，够不上说起头，自然更不配来开口了。

民国二十年十一月九日，于北平。

《儿童文学小论》序

张一渠君是我在本省第五中学教书时候的同学。那时是民国二年至六年，六年春季我来北京，以后没有回去过，其时张君早已毕业出去了。十九年冬忽然接到张君来信，说现在上海创办儿童书局，专出儿童一切用书，叫我给他帮忙。这事是我很愿意做的，因为供给儿童读物是现今很切要的工作，我也曾想染指过的，但是教书的职业实在是忙似闲，口头答应了好久，手里老是没有成绩，老实说，实在还未起手。看看二十年便将完了，觉得这样迁延终不是事，便决心来先编一小册子聊以塞责，待过了年再计划别的工作。写信告诉张君，他也答应了，结果是这一册《儿童文学小论》。

这里边所收的共计十一篇。前四篇都是民国二三年所作，是用文言写的。《童话略论》与《研究》写成后没有地方发表，商务印书馆那时出有几册世界童话，我略加以批评，心想那边是未必要的，于是寄给中华书局的《中华教育界》，信里说明是奉送的，只希望他送报一年，大约定价是一块半大洋罢。过了若干天，原稿退回来了，说是不合用。恰巧北京教育部编纂处办一种月刊，便白送给他刊登了事，也就恕不续做了。后来县教育会要出刊物，由我编辑，写了两篇讲童话儿歌的论文，预备补白，不到一年又复改组，我的沉闷的文章不大适合，于是趁此收摊，沉默了有六七年。民国九年北京孔德学校找我讲演，才又来饶舌了一番，就是这第五篇《儿童的文学》。以下六篇都是十一二三年中所写，从这时候起注意儿童文学的人多起来了，专门研究的人也渐出现，比我这宗"三脚猫"的把戏要强得多，所以以后就不写下去了。今年《东方杂志》的友人来索稿，我写了几篇《苦茶随笔》，其中第六则是介绍安特路阑（Andrew Lang）的小文，题名《习俗与神话》，预计登在三月号的《东方》之后再收到这小册里去，不意上海变作，闸北毁于兵火，好几篇随笔都不存稿，也无从追录，只好就是这样算了。

我所写的这些文章里缺点很多，这理由是很简单明显的，要研究讨论儿童文学的问题，必须关于人类学民俗学儿童学等有相当的修养，而我于此差不多是一个白丁，乡土语称作白木的就是，怎么能行呢？两年前我曾介绍自己说：“他原是水师出身，自己知道并非文人，更不是学者，他的工作只是打杂，砍柴打水扫地一类的工作，如关于歌谣童话神话民俗的搜寻，东欧日本希腊文艺的移译，都高兴来帮一手，但这在真是缺少人工时才行，如各门已有了专攻的人，他就只得溜了出来，另去做扫地砍柴的勾当去了。”所以这些东西就是那么一回事，本没有什么结集的价值，夫日月出矣而爝火不息，其于光也不亦难乎，这个道理我未尝不知道。然而中国的事情有许多是出于意外的。这几篇文章虽然浅薄，但是根据人类学派的学说来看神话的意义，根据儿童心理学来讲童话的应用，这个方向总是不错的，在现今的儿童文学界还不无用处。中国是个奇怪的国度，主张不定，反复循环，在提倡儿童本位的文学之后会有读经——把某派经典装进儿歌童谣里去的运动发生，这与私塾读《大学》《中庸》有什么区别？所以我相信这册小书即在现今也还有他的用处，我敢真诚地供献给真实地顾虑儿童的福利之父师们。这是我汇刊此书的主要目的，至于敝帚自珍，以及应酬张君索稿的雅意，那实在还是其次了。

民国二十一年二月十五日，于北平。

《儿童剧》序一

我近来很感到儿童剧的必要。这个理由，不必去远迢迢地从专门学者的书里，引什么演剧本能的话来作说明，只要回想自己儿时的经验便可明白了。

美国《小女人》的著者阿耳考忒（Louisa Alcott）说：

在仓间里的演剧，是最喜欢的一种娱乐。我们大规模的排演童话。我们的巨人从楼上连走带跌的下来，在甲克（Jack）把缠在梯子上的南瓜藤当作那不朽的豆干砍断了的时候。灰妞儿（Cinderella）坐了一个大冬瓜驰驱而去；一支长的黑灌肠经那看不见的手拿来长在浪费了那三个愿望的婆子的鼻子上。

巡礼的修士，带了钞袋行杖和帽上的海扇壳，在山中行路；地仙在私语的白桦林里开他们的盛会；野亭里的采莓的女伴受诗人和哲学家的赞美，他们以自己的机智与智慧为食，而少女们则供应更为实在的食物。

我们的回忆没有这样优美，但也是一样的重要，至少于自己是如此。我不记得有“童话的戏剧化”，十岁以前的事情差不多都忘却了，现在所记得的是十二岁往三味书屋读书时候的事情。那时所读的是“下中”和唐诗，当然不懂什么，但在路上及塾中得到多少见闻，使幼稚的心能够建筑起空想的世界来，慰藉那忧患寂寞的童年，是很可怀念的。从家里到塾中不过隔着十家门面，其中有一家的主人头大身矮，家中又养着一只不经见的山羊（后来才知这是养着厌禳火灾的），便觉得很有一种超自然的气味；同学里面有一个身子很长，虽然头也同常人一样的大，但是在全身比例上就似乎很小了；又有一个长辈，因为吸鸦片烟的缘故，耸着两肩，仿佛在大衫底下横着一根棒似的：这几个现实的人，在那时看了都有点异样，于是拿来戏剧化了，在有两株桂花的院子里扮演这日常的童话剧。“大头”不幸的被想像做凶恶的巨人，带领着山羊，占据了岩穴，扰害别人，小头和耸肩的两个朋友便各仗了法术去征服他：“小头”从石窟缝里伸进头去窥探他的动静，“耸肩”等他出来，只用肩一夹，便把他装在肩窝里捉了来了。这些思想尽管荒唐，而且很有唐突那几位本人的地方，但在那时觉得非常愉快，用现代的话来讲，演着这剧的时候实在是得到充实生活的少数瞬间之一。我们也扮演喜剧，如“打败贺家武秀才”之类，但总太与现实接触，不能感到十分的喜悦，所以就经验上说，这大头剧要算第一有趣味了。后来在北京看旧戏，精神上受了一种打击，对于演剧几乎从此绝缘，回想过去却有全心地生活在戏剧内的一个时期，真是连自己都有点不能相信了。

以上因了自己的经验，便已足以证明儿童剧的必要，一方面教育专家也在那里主张，那更是有力的保证了。近日读美国斯庚那、西奇威克和诺依思诸人的“儿童剧”与日本坪内逍遥的《家庭用儿童剧》一二集，觉得很有趣味，甚希望中国也有一两种这样的书，足供家庭及学校之用。理想的儿童剧固在儿童的自编自演，但一二参考引导的书也不可少，而且借此可以给大人们一个具体的说明，使他们能够正当的理解，尤其重要。儿童剧于幼稚教育当然很有效用，不过这应当是广义的，决不可限于道德或教训的意义。我想这只须消极的加以斟酌，只要没有什么害就好，而且即此也就可以说有好处了。所以有许多在因袭的常识眼光以为不合的，都不妨事，如荒唐的，怪异的，虚幻的皆是。总之这里面的条件，第一要紧是一个童话的世界，虽以现实的事物为材而全体的情调应为非现实的，有如雾里看花，形色变易，才是合作：这是我从经验里抽出来的理论。作者只要复活他的童心（虽然是一件难的工作），照着心奥的镜里的影子，参酌学艺的规律，描写下来，儿童所需要的剧本便可成功，即使不能说是尽美，也就十得六七了。

我们没有迎合社会心理，去给群众做应制的诗文的义务，但是迎合儿童心理供给他们文艺作品的义务，我们却是有的，正如我们应该拒绝老辈的鸦片烟的供应而不得不供给小孩的乳汁。我很希望于儿歌童话以外，有美而健全的儿童剧本出现于中国，使他们得在院子里树阴下或唱或读，或演扮浪漫的故事，正当地享受他们应得的悦乐。

《儿童剧》序二

前面这篇序文是民国十二年的春间所写，原题曰《儿童剧》，曾经收录在《自己的园地》里，今天重录下来，这中间已是九个年头匆匆的过去了。我于儿童剧，正如对于儿歌童话一样，不是全无情分的，但是能想不能做，能说不能行，一直到现在没有努力，读陶渊明《荣木诗序》曰，“荣木，念将老也，日月推迁，已复有夏，总角闻道，白首无成”，实在可以借来当作我的忏悔之词。

这回因了张一渠君的敦促，勉强编了这一小册子，一总只有六篇，又都是翻译的。这原是没有办法，自己创作是谈不到，那么老实还是来翻译。我所有的材料也还是前几年所买的七八本书，选择的标准也还是从前的那些意见。原文是日本美国的人所写，这里取其比较普遍，没有历史或地方的限制的，比较容易为儿童所理解所喜欢的。至于实在能否受到儿童的爱顾，那在我现今却是别无什么把握。我所最不满意的是，原本句句是意思明白文句自然，一经我写出来便往往变成生硬别扭的句子，无论怎样总弄不好，这是十分对不起小朋友的事。我的希望是满天下的有经验的父师肯出来帮一下子，仿佛是排难解纷的侠客似的，便是在这些地方肯毅然决然的加以斧削，使得儿童更易了解。第二个希望是有胜任的大雅君子出来创作朴素优良的儿童剧，更可适切的应用。——希望大抵只有三个，如童话里所说，说尽了容易倒霉，现在已经说了两个，所以也就够了罢？

儿童剧的用处大约有两种，一是当作书看，一是当作戏演。但是其间还有一种用处，或者比演要容易又比看还有用，那就是当作对话念。斯庚那女士在原书的引言里曾这样的说：

> 几个小孩，各人分配一个脚色，或是各人自选，出来站在同班的前面，说一件对话的故事。这种练习需要注意集中，细密用心，大家合作。说话的人想要娱乐听众，自然使他着意体会去扮那故事里的脚色。合念对话的练习可以养成清楚的抓住文字中的思想之能力，养成一种本领，用了谨慎的措辞，轻重的口气，自然的表示，去传达自己的思想。

这一节话我以为很有意思，我编这小册子的原意差不多也偏重在这一点上。拿去实地扮演自然也是很好的事，不过布置费事费钱，还有一层，演作实在大不容易，顶大的毛病便是有旧戏气味，据我个人的意见这是极要不得的事，而在旧势力正在澎涨的现时中国又是极难避免的，所以指导的先生们特别须得注意。

中华民国二十一年八月二十四日，于北平。

《看云集》序

把过去两年的文章搜集起来，编成一册书，题曰《看云集》。光阴荏苒大半年了，书也没有印出来，序也没有做得。书上面一定要有序的么？这似乎可以不必，但又觉得似乎也是要的，假如是可以有，虽然不一定是非有不可。我向来总是自己作序的，我不曾请人家去做过，除非是他们写了序文来给我，那我自然也是领情的，因为我知道序是怎样的不好做，而且也总不能说的对或不错，即使用尽了九牛二虎之力去写一篇小小的小序。自己写呢，第一层麻烦着自己比较不要紧，第二层则写了不好不能怪别人，什么事都可简单的了结。唠叨的讲了一大套，其实我只想说明序虽做不出而还是要做的理由罢了。

做序之一法是从书名去生发，这就是赋得五言六韵法。看云的典故出于王右丞的诗，“行到水穷处，坐看云起时”，照规矩做起来，当然变成一首试帖诗，这个我想似乎不大合式。其次是来发挥书里边——或书外边的意思。书里边的意思已经在书里边了，我觉得不必再来重复的说，书外边的或者还有点意思罢。可是说也奇怪，近来老是写不出文章，也并不想写，而其原因则都在于没有什么意思要说。今年所作的集外文拢总只有五六篇，十分之九还是序文，其中的确有一篇我是想拿来利用的，就是先给《莫须有先生》当序之后再拿来放在《看云集》上，不过这种一石投双鸟的办法有朋友说是太取巧了，所以我又决意停止了。此外有一篇《知堂说》，只有一百十二个字，录在后面，还不费事。其词曰：

> 孔子曰，知之为知之，不知为不知，是知也。荀子曰，言而当，知也；默而当，亦知也。此言甚妙，以名吾堂。昔杨伯起不受暮夜赠金，有四知之语，后人钦其高节，以为堂名，由来旧矣。吾堂后起，或当作新四知堂耳。虽然，孔荀二君生于周季，不新矣，且知亦不必以四限之，因截取其半，名曰知堂云尔。

这是今年三月二十六日所写的，可以表示我最近的一点意见，或者就拿过来算作这里的序文也罢。虽然这如用作《知堂文集》的序较为适当，但是这里先凑合用了也行，《知堂文集》序到要用时再说可也。

中华民国二十一年七月二十六日，周作人，于北平。

《中国新文学的源流》序

本年三四月间沈兼士先生来叫我到辅仁大学去讲演。说话本来非我所长，况且又是学术讲演的性质，更使我觉得为难，但是沈先生是我十多年的老朋友，实在也不好推辞，所以硬起头皮去讲了几次，所讲的题目从头就没有定好，仿佛只是什么关于新文学的什么之类，既未编讲义，也没有写出纲领来，只信口开河地说下去就完了。到了讲完之后，邓恭三先生却拿了一本笔记的草稿来叫我校阅，这颇出于我的意料之外，再看所记录的不但绝少错误，而且反把我所乱说的话整理得略有次序，这尤其使我佩服。同时北平有一家书店愿意印行这本小册，和邓先生接洽，我便赞成他们的意思，心想一不做二不休，索性印了出来也好。就劝邓先生这样办了。

我想印了出来也好的理由是很简单的。大约就是这几点：其一，邓先生既然记录了下来，又记得很好，这个工作埋没了也可惜。其二，恰巧有书店愿印，也是个机缘。其三，我自己说过就忘了，借此可以留个底稿。其四，有了印本，我可以分给朋友们看看。这些都有点儿近于自私自利，如其要说得冠冕一点，似乎应该再加上一句：公之于世，就正大雅。不过我觉得不敢这样说，我本不是研究中国文学史的，这只是临时随便说的闲话，意见的谬误不必说了，就是叙述上不完不备草率笼统的地方也到处皆是，当作谈天的资料对朋友们谈谈也还不妨，若是算它是学术论文那样去办，那实是不敢当的。万一有学者看重我，定要那样地鞭策我，我自然也硬着头皮忍受，不敢求饶，但总之我想印了出来也好的理由是如上述的那么简单，所可说的只有这四点罢了。

末了，我想顺便声明，这讲演里的主意大抵是我杜撰的。我说杜撰，并不是说新发明，想注册专利，我只是说无所根据而已。我的意见并非依据西洋某人的论文，或是遵照东洋某人的书本，演绎应用来的。那么是周公孔圣人梦中传授的吗？也未必然。公安派的文学历史观念确是我所佩服的，不过我的杜撰意见在未读三袁文集的时候已经有了，而且根本上也不尽同，因为我所说的是文学上的主义或态度，他们所说的多是文体的问题。这样说来似乎事情非常神秘，仿佛在我的杜园瓜菜内竟出了什么嘉禾瑞草，有了不得的样子；我想这当然是不会有的。假如要追寻下去，这到底是那里的来源，那么我只得实说出来：这是从说书来的。他们说三国什么时候，必定首先喝道：且说天下大势，合久必分，分久必合。我觉得这是一句很精的格言。我从这上边建设起我的议论来，说没有根基也是没有根基，若说是有，那也就很有根基的了。

中华民国二十一年七月二十六日，周作人记于北平西北城。

《知堂文集》序

知堂的意义别有说，在集内，兹不赘。我所怕的是能说不能行，究竟我知道些什么呢，有哪些话我说得对的呢，实在自己也还不大清楚。打开天窗说亮话，我的自然科学的知识很是有限，大约不过中学程度罢，关于人文科学也是同样的浅尝，无论哪一部门都不曾有过系统的研究。求知的心既然不很深，不能成为一个学者，而求道的心更是浅，不配变做一个信徒。我对于信仰，无论各宗各派，只有十分的羡慕，但是做信徒却不知怎的又觉得十分的烦难，或者可以说是因为没有这种天生的福分罢。略略考虑过妇女问题的结果，觉得社会主义是现世唯一的出路。同时受着遗传观念的迫压，又常有故鬼重来之惧。这些感想比较有点近于玄虚，我至今不晓得怎么发付他。但是，总之，我不想说谎话。我在这些文章里总努力说实话，不过因为是当作文章写，说实话却并不一定是一样的老实说法。老实的朋友读了会误解的地方难免也有罢?那是因为写文章写得撇扭了的缘故,我相信意思原来是易解的。或者有人见怪,为什么说这些话,不说那些话?这原因是我只懂得这一点事,不懂得那些事,不好胡说八道罢了。所说的话有的说得清朗,有的说得阴沉,有的邪曲,有的雅正,似乎很不一律,但是一样的是我所知道的实话,这是我可以保证的。

民国二十二年二月二十日,周作人于北平。

《书信》序

小峰兄：

承示拟编书信，此亦无不可，只是怕没有多大意思。此集内容大抵可分为两部，一是书，二是信。书即是韩愈以来各文集中所录的那些东西，我说韩愈为的是要表示崇敬正宗，这种文体原是“古已有之”，不过汉魏六朝的如司马迁杨恽陶潜等作多是情文俱至，不像后代的徒有噪音而少实意也。宋人集外别列尺牍，书之性质乃更明了，大抵书乃是古文之一种，可以收入正集者，其用处在于说大话，以铿锵典雅之文词，讲正大堂皇的道理，而尺牍乃非古文，桐城义法作古文忌用尺牍语，可以证矣。尺牍即此所谓信，原是不拟发表的私书，文章也只是寥寥数句，或通情愫，或叙事实，而片言只语中反有足以窥见性情之处，此其特色也。但此种本领也只有东坡山谷才能完备，孙内简便已流于修饰，从这里变化下去，到《秋水轩》是很自然的了。大约自尺牍刊行以后，作者即未必预定将来石印，或者于无意中难免作意矜持，这样一来便失了天然之趣，也就损伤了尺牍的命根，不大能够生长得好了。

风凉话讲了不少，自己到底怎么样呢？这集里所收的书共二十一篇，或者连这篇也可加在里边，那还是普通的书，我相信有些缺点都仍存在，因为预定要发表的，那便同别的发表的文章一样，写时总要矜持一点，结果是不必说而照例该说的话自然逐渐出来，于是假话公话多说一分，即是私话真话少说一分，其名曰书，其实却等于论了。但是，这有什么办法呢？我希望其中能够有三两篇稍微好一点，比较地少点客气，如《乌篷船》，那就很满足了。至于信这一部分，我并不以为比书更有价值，只是比书总更老实点，因为都是随便写的。集中所收共计七十七篇，篇幅很短，总计起来分量不多，可是收集很不容易。寄出的信每年不在少数，但是怎么找得回来，有谁保留这种旧信等人去找呢？幸而友人中有二三好事者还收藏着好些，便去借来选抄，大抵选不到十分之一，计给平伯的信三十五封，给启无的二十五封，废名承代选择，交来十八封，我又删去其一，计十七封。挑选的标准只取其少少有点感情有点事实，文句无大疵谬的便行，其办理公务，或雌黄人物者悉不录。挑选结果仅存此区区，而此区区者又如此无聊，复阅之后不禁叹息。没有办法。这原不是情书，不会有什么好看的。这又不是宣言书，别无什么新鲜话可讲。反正只是几封给朋友的信，现在不过附在这集里再给未知的朋友们看看罢了。虽说是附，在这里实在这信的一部分要算是顶好的了，别无好处，总写得比较地诚实点，希望少点丑态。兼好法师尝说人们活过了四十岁，便将忘记自己的老丑，想在人群中胡混，私欲益深，人情物理都不复了解。行年五十，不免为兼好所诃，只是深愿尚不忘记老丑，并不以老丑卖钱耳。但是人苦不自知，望兄将稿通读一过，予以棒喝，则幸甚矣。

民国二十二年四月十七日，作人白。

《苦茶庵笑话选》序

查笑话古已有之，后来不知怎地忽为士大夫所看不起，不复见著录，意者其在道学与八股兴起之时乎。幼时读圣经贤传，见孟子述宋人揠苗助长芒芒然归情状，不禁微笑，孔夫子说其父攘羊其子证之，至今尚有如此笑话，若韩非子所录种种宋人故事，简直是后来呆女婿的流亚了。《隋经籍志》中著录魏邯郸淳的《笑林》三卷，至唐有侯白的《启颜录》等，宋初所编类书中尚多引用，但宋朝这类的著作便很少，虽然别方面俗文学正逐渐生长，笑话在文学的地位却似乎没落下去了。明代中间王学与禅宗得势之后，思想解放影响及于文艺，冯梦龙编《笑府》十三卷，笑话差不多又得附小说戏曲的末座了，然而三月十九天翻地覆，胡人即位，圣道复兴，李卓吾与公安竟陵悉为禁书，墨憨斋之名亦埋没灰土下，《笑府》死而复活为《笑林广记》，永列为下等书，不为读书人所齿，以至今日。其实，这是很不公道的，笑话自有其用处，显明可数。其一，说理论事，空言无补，举例以明，和以调笑，则自然解颐，心悦意服，古人多有取之者，比于寓言。其二，群居会饮，说鬼谈天，诙谐小话亦其一种，可以破闷，可以解忧，至今能说笑话者犹得与弹琵琶唱小曲同例，免于罚酒焉。其三，当作文学看，这是故事之一，是滑稽小说的根芽，也或是其枝叶，研究与赏鉴者均可于此取资，唯中国滑稽小说不知为何独不发达，笑话遂有孤苦伶仃之感耳。其四，与歌谣故事谚语相同，笑话是人民所感的表示，凡生活情形，风土习惯，性情好恶，皆自然流露，而尤为直截彻透，此正是民俗学中第三类的好资料也。如小脚的嗜好，固为社会上明白的事实，诗文歌谣弹词戏剧随处致其赞美，再看笑话中《脚像观音》及《逐段烘》诸条，则美刺具备，而男子们对于小脚之感情乃大明了矣。又如《换灰》（此本未录）、《卖粪》，具见南方民间风俗之一斑，此种小事从来文人学士素不屑记，除了贾思勰郝懿行这几位，但这都是北方学者，编笑话者多系南人，大抵缺少这种朴实的学风，而无意中却在这里保留下好些风俗琐事，大是可喜的事。石天基记录过一则笑话，说儿子割了别人的股去行孝，这一面是《二十四孝》提倡的一个反影，一面又何尝不是中国社会的一个写真，忠实地写下来只略略地滑稽化而已。我们自国难以来这两年里所见所闻，像这割股的事情岂不亦已多乎？这种的笑话是先民的脉案，然而到现在还可应用，皮鞭打出去，鞭梢还回到自己的脊梁上来，笑话也而有苦辣的讽刺小说的风味，此又其别有意义的用处之一也。但是，我的意思还是重在当作民俗学的资料，兹先选抄明清文人所编者为一集，如能更往民间从老百姓口头录下现时通行笑话为第二集，则其价值当更大矣。

笑话的内容，根据《笑林广记》的分类，有十二类，即一古艳（官职科名等），二腐流，三术业，四形体，五殊禀（痴呆善忘等），六闺风，七世讳（帮闲娼优等），八僧道，九贪吝，十贫窭，十一讥刺，十二谬误，是也。总合起来又可以简单地分做挖苦与猥亵两大类，二者之间固然常有相混的地方，但是猥亵的力量很大，而且引人发笑的缘故又与别的显然不同，如挖苦呆女婿的故事，以两性关系为材料，则听者之笑不在其呆而在猥亵，如《戳破肚皮》（见《笑府》，此本未录）等例可见，即均属此类，故猥亵的笑话为数殆极多。所谓挖苦者指以愚蠢残废谬误失败为材料的皆是，此类性质不一，有极幼稚简单者，亦有较复杂者。大抵人情恶常而喜变，对于违反习俗改变常态的事物言动多感兴趣，此在儿童最为明显，故“张貌”则笑，见爹爹戴宝宝的帽或宝宝戴爹爹的帽亦均可笑，而贾波林在银幕上且以此艺术倾倒一世，可谓伟矣。其次则幸灾乐祸，虽是人之大病，然而此种机微的表现在凡人都不能免，听了人家的愚蠢谬误，能够辨别，显出智力的优胜，见了别人的残废失败，反映出自己的幸运，这大抵是使人喜乐的原因，或者也可以作精神的体操之一助罢？十年前我记录《徐文长的故事》数则，说明中曾云：

> 从道德方面讲，这故事里的确含有好些不可为训的分子，然而我们要知道，老百姓的思想还有好些和野蛮人相像，他们相信力即是理，无论用了体力智力或魔力，只要能得到胜利，即是英雄，对于愚笨孱弱的失败者没有什么同情，这只要检查中外的童话传说就可以知道。

这几句话借了来又可以当作别一部分的说明。至于猥亵的分子在笑话里自有其特殊的意义，与上面所说的颇有不同，——的确，猥亵的事物在各色社会上都是禁制的，它的突然的出现原也是一种违反习俗改变常态的事，与反穿大皮鞋或酒渣鼻有些相像，不过它另有一种无敌的刺激力，便去引起人生最强大的大欲，促其进行，不过并未抵于实现而以一笑了事，此所以成为笑话而又与别的有殊者也。这个现象略与呵痒相似，据蔼理斯说，呵痒原与性的悦乐相近，容易引起兴奋，但因生活上种种的障碍，不能容许性的不时的发现，一面遂起阻隔，抵牾之后阻隔随去，而馀剩的力乃发散为笑乐，其实悦乐在笑先，笑则不复乐也。英国格莱格（J. Y. T. Greig）在所著《笑与喜剧的心理》第五章论两性的猥亵的（男女关系事物）不雅的（两便事物）篇中曾说：

> 在野蛮民族及各国缺少教育的人民中间猥亵的笑话非常通行，其第一理由是容易说。只消一二暗示的字句，不意地说出，便会使得那些耕田的少年和挤牛奶的女郎都格格的笑，一种猥亵的姿势使得音乐堂里充满了笑声。其第二个更为重要的理由则是有力量，猥亵的笑话比别种的对于性欲更有强烈的刺激力。

由此看来，我们对于这类笑话的横行可以得到谅解，但是其本相亦随明了，短长显然可知，翻开各笑话书即见此类叠出不穷，而选择安排到恰好处，可入著作之林者，盖极不易得，即为此故。其表示刻露者，在民俗资料上多极有价值，今惜未能选入，但可取其稍稍尔雅者耳。猥亵歌谣故事与猥亵语之搜集工作亦甚切要，今日国风乃趋于浮薄与苛酷两端，如何可言，即云且待将来，亦不知此将来将在何日或毕竟有否也。

闲话少说。且说不佞今所集录笑话，凡三种，皆明末清初原本，一为《笑府》，二为《笑倒》，《山中一夕话》本，三为《笑得好》，《传家宝》一二集本。我的意思是想使笑话在文艺及民俗学上稍回复他的一点地位，故有三种计划，一辑录古书中的笑话，二搜集民间的笑话，三选取现存的笑话书。第一种考古的工作非我现在所能担任，第二种事业虽更繁重我却愿意投效，不过成功须在将来，到那时再说，目下所做的便是那第三种的玩意儿了。说到现存的笑话书，范围很大，分量也当不小，要求完备当然是不可能，此外还有一个限制，便是尽先取用有编者姓名的，结果是决定了这三种书，而《笑林广记》以至《一见哈哈笑》之流也就只能暂请落第①了。

《笑府》原本十三卷，题墨憨斋主人撰。墨憨斋是冯梦龙的公开的笔名，他用这别号所编著的戏曲小说等书甚多，其地位盖在李卓吾金圣叹之间，是明季纯文学界的主帅之一人。他所编《古今谈概》集史传

【锺校】

①“第”原作“地”。

笑谈之大成，至清初为人删改，名《古今笑》或《古笑史》，有李笠翁的序文，《笑府》则纯系假作，以讥笑为目的，二者的异同正犹传说之与童话焉。《笑府》后改编为《笑林广记》，原本遂不传，今所知者唯大连满铁图书馆云有一部，亦未得见，今但以日本刻选本二种为依据，其一有二卷，一只一卷，题风来山人删译。风来山人为十八世纪日本天才作家，译虽未知真伪，但其声名正足与墨憨抗衡，故书坊遂取用之亦未可知。

二本内容多不同，今参酌抄录，猥亵类有太甚者不得已暂从舍割，原有序文，今录于下，亦妙文也。文曰：

古今来莫非话也，话莫非笑也。两仪之混沌开辟，列圣之揖让征诛，见者其谁耶？夫亦话之而已耳。后之话今，亦犹今之话昔，话之而疑之，可笑也，话之而信之，尤可笑也。经书子史，鬼话也，而争传焉。诗赋文章，淡话也，而争工焉。褒讥伸抑，乱话也，而争趋避焉。或笑人，或笑于人，笑人者亦复笑于人，笑于人者亦复笑人，人之相笑宁有已时？《笑府》，集笑话也，十三篇犹云薄乎云尔。或阅之而喜，请勿喜，或阅之而嗔，请勿嗔。古今世界一大笑府，我与若皆在其中供话柄，不话不成人，不笑不成话，不笑不话不成世界。布袋和尚，吾师乎，吾师乎。墨憨斋主人题。

说到这里，不禁联想起《开卷一笑》卷七的一篇布袋和尚的《呵呵令》来了，不嫌繁冗，把全文录在下面，因为很有点儿意义，而且原书也不易见。文曰：

你道我终日里笑呵呵，笑着的是谁？我也不笑那过去的枯髅，我也不笑那眼前的蝼蚁。第一笑那牛头的伏羲，你画什么卦，惹是招非，把一个囫囵囵的太极儿弄得粉花碎。我笑那吃草的神农，你尝什么药，无事寻事，把那千万般病根儿都提起。我笑那尧与舜，你让天子，我笑那汤与武，你夺天子，他道是没有个旁人儿觑，觑破了这意思儿也不过是个十字街头小经纪。还有什么龙逢比干伊和吕，也有什么巢父许由夷与齐，只这般唧唧哝哝的，我也那里工夫笑着你。我笑那李老聃五千言的道德，我笑那释迦佛五千卷的文字，干惹得那些道士们去打云锣，和尚们去打木鱼，弄些儿穷活计，那曾有什么青牛的道理，白牛的滋味，怪的又惹出那达摩老臊胡来，把这些干屎橛的渣儿，嚼了又嚼，洗了又洗。又笑那孔子的老头儿，你絮叨叨说什么道学文章，也平白地把好些活人都弄死。又笑那张道陵许旌阳，你便白日升天也成何济，只这些未了精精儿到底来也只是一个冤苦的鬼。住住住！还有一笑。我笑那天上的玉皇，地下的阎王，与那古往今来的万万岁，你戴着平天冠，穿着衮龙袍，这俗套儿生出什么好意思？你且去想一想，苦也么苦，痴也么痴，着什么来由干碌碌大家喧喧嚷嚷的无休息。去去去！这一笑笑得那天也愁，地也愁，人也愁，鬼也愁，三世佛也愁，那管他灯笼儿缺了半边的嘴。呵呵呵！这一笑，这一笑，你道是毕竟的笑着谁？罢罢罢！说明了，我也不笑那张三李四，我也不笑那七东八西，呀，笑杀了他的咱，却原来就是我的你。

这末了几句就是墨憨斋所师法的地方罢，上头对于两仪列圣的不敬其实也从此出，不但此也，即那归玄恭或熊鱼山所作的有名的《万古愁》曲其格调意思与《呵呵令》很多相像，我们不好说布袋和尚一定是这群人的老师，但至少总可以见那时文坛上有这么一种空气，而《万古愁》这种作法也不是作者一人的创始，这是很明了的事实了。

《开卷一笑》有日本宝历五年（西历一七五五）翻刻第二卷本，巢庵主人小序中云，《开卷一笑》明李卓吾所辑，屠赤水亦加参阅，后人删补改曰《山中一夕话》，上集下集各有七卷，上集专集词赋传记，下集多出笑言嘲咏。北京大学藏有一部，有老田海内氏家藏图书印，盖亦系从海外传来，原刻上集七卷，序目皆改称《一夕话》，而板心均仍作《开卷一笑》，卷首署“卓吾先生编次”。第三卷尚留存“一衲道人屠隆参阅”一行字样，馀悉挖改矣。下集原刻未见，今通行《山中一夕话》盖即其改刻本，其中有《笑倒》一卷，皆录笑话，今便据以选录。全书上有序，为“咄咄夫”所作，文亦佳妙，今并抄之于下：

莫怪一夕间有许多饶舌也。古今一旦暮尔，孩髦一梦觉尔，窃闻尧舜中天方属正午，不知今夕何夕，曾交未申时不？嗟乎哉，苍苍者天，茫茫者地，即不幻出无数皮囊，亦觉饶有别趣，何苦板板捏住轮回，夺头诱人于生生死死之中，复诱人于不生不死之地哉。因悟天地无人殊大寂寞，定不可少此万亿陪堂，演此一本大戏文来也。咄咄夫不知何许人，亦不知生旦净丑中那脚色，更不知演到第几出将半本未？一夕思烦神躁，忽欲邀天地于几案而问答之，而又苦声臭都无，不可理会，因大呼曰，天何言哉，夕死可矣。于是从无可消遣中觅一消遣法，唯有对快士作快谈，代为天地设一传宣官而已。因与口先锋约曰，今夕大闷，赖尔能颐我，原为天地轮回，今且欲轮回天地也。话须冲破斗牛，慎勿效俗儒喋喋，不令人点首勿话，不令人拍案勿话，不令人忽笑忽哭，不令人忽欲手舞足蹈勿话，如有听之欲卧者皆汝罪，若不话宁但作咄咄声，闷气犹得从此处发泄也。爰集十种话，聊破一夕颜。若以为胜十年读书也则吾岂敢。时戊戌春正月望日，咄咄夫题于半庵。

《笑倒》为十种之四，上面有一篇小引，其文曰：

大地一笑场也，装鬼脸，跳猴圈，乔腔种种，丑状般般。我欲大恸一番，既不欲浪掷此闲眼泪，我欲埋愁到底，又不忍锁杀此瘦眉尖。客曰，闻有买笑征愁法，子曷效之？予曰，唯唯。然则笑倒乎，哭倒也。集《笑倒》。

《笑倒》和《笑府》的序态度颇有点相近，都是发牢骚，借了笑话去嘲弄世间，但是到了《笑得好》便很不相同，笑话还是笑话，却是拿去劝善惩恶，有点像寓言了。《笑得好》一卷，二集一卷，首有自序，说明用意，而文殊不佳，今姑录存于下：

人性皆善，要知世无不好之人，其人之不好者总由物欲昏蔽，俗习熏陶，染成痼疾，医药难痊，墨子之悲深可痛也。即有贤者，虽以嘉言法语，大声疾呼，奈何迷而不悟，岂独不警于心，更且不入于耳，此则言如不言，彼则听如不听，真堪浩叹哉。正言闻之欲睡，笑话听之恐后，今人之恒情，夫既以正言训之而不听，曷若以笑话怵之之为得乎。予乃著笑话书一部，评列警醒，令读者凡有过愆偏私蒙昧贪痴之种种，闻予之笑，悉皆惭愧悔改，俱得成良善之好人矣，因以"笑得好"三字名其书。或有怪予立意虽佳但语甚刻毒，令闻者难当，未免破笑成怒，大非圣言含蕴之比，岂不以美意而种恨因乎？予谓沉疴痼疾非用猛药何能起死回生，若听予之笑，不自悔改而反生怒恨者，是病已垂危，医进良药，尚迟疑不服，转咎药性之猛烈，思欲体健身安，何可得哉？但愿听笑者入耳警心，则人性之天良顿复，遍地无不好之人，方知刻毒语言有功于世的不小，全要闻笑即愧即悔，是即学好之人也。石成金天基撰。

用笑话作教训，说得古一点，这倒是孔孟的传统罢，不过物以希为贵，古人偶一为之，后世又当作古逸笑话的吉光片羽，所以很有意思，若是整本的去做，就难免是笨伯了。而且顶奇怪的是在这道学派的笑话集中特别多那些极不堪的故事，有些简直除猥亵外别无什么可取，附加的教训自然全是胡扯，在这里我想那编者的态度实在也同普通说猥亵话的一样，教训只是一种掩饰，向来标榜名教而写淫书的人便多是如此，《野叟曝言》著者夏二铭即其一例。但平心论之，石天基《传家宝》四集的宗旨大都是教人苟全性命于治世而已，卫道气还不十足，其编集笑话虽内容芜秽，也还肯用真姓名，这是还可取的一点罢。

中国现时似乎盛行“幽默”，这不是什么吉兆。帝俄时代一个文人说，讽刺是奴隶的言语，这话很有意思。乡民相遇，说某人“伽蓝菩”了，虽与当铺钱店的伙计酒醉饭饱将头比屁股为戏仿佛相似，实际却有一个暗黑的背景。让人民去谈论，发泄他们的鸟气，无论是真的苦痛或是假的牢骚，这倒是一种太平气象罢。在此刻来编集笑话，似乎正赶上幽默的流行，有点儿近于趋时，然而不然，我没有幽默，不想说笑话，只是想听人家说的笑话，虽然听笑话在笑话里也要被嘲笑。我现在找几种编者署名的笑话书，再由我署名编选为一集，当作俗文学及民俗资料的一种，将来如能找到原刊《笑府》和《开卷一笑》下集加以补正，那便是我最大的快乐了。

中华民国廿二年七月廿七日，周作人记于北平。

第二分

《竹林的[1]故事》序

冯文炳君的小说是我所喜欢的一种。我不是批评家，不能说他是否水平线以上的文艺作品，也不知道是哪一派的文学，但是我喜欢读他，这就是表示我觉得他好。

我所喜欢的作品有好些种。文艺复兴时代说猥亵话的里昂医生，十八世纪讲刻毒话的爱耳兰神甫，近代做不道德的小说以及活剖人的心灵的法国和瑞典的狂人，……我都喜欢读。不过我不知怎地总是有点“隐逸的”，有时候很想找一点温和的读，正如一个人喜欢在树阴下闲坐，虽然晒太阳也是一件快事。我读冯君的小说便是坐在树阴下的时候。

冯君的小说我并不觉得是逃避现实的。他所描写的不是什么大悲剧大喜剧，只是平凡人的平凡生

【锺校】

①“的”原作“地”。

活，——这却正是现实。特别的光明与黑暗固然也是现实之一部，但这尽可以不去写他，倘若自己不曾感到欲写的必要，更不必说如没有这种经验。文学不是实录，乃是一个梦：梦并不是醒生活的复写，然而离开了醒生活梦也就没有了材料，无论所做的是反应的或是满愿的梦。冯君所写多是乡村的儿女翁媪的事，这便因为他所见的人生是这一部分，——其实这一部分未始不足以代表全体：一个失恋的姑娘之沉默的受苦未必比蓬发薰香，着小蛮靴，胸前挂鸡心宝石的女郎因为相思而长吁短叹，寻死觅活，为不悲哀，或没有意思。将来著者人生的经验逐渐进展，他的艺术也自然会有变化，我们此刻当然应以著者所愿意给我们看的为满足，不好要求他怎样地照我们的意思改作，虽然爱看不爱看是我们的自由。

冯君著作的独立的精神也是我所佩服的一点。他三四年来专心创作，沿着一条路前进，发展他平淡朴讷的作风，这是很可喜的。有弗罗倍耳那样的好先生，别林斯奇那样的好批评家，的确值得也是应该听从的，但在中国哪里有这些人；你要去找他们，他不是叫你拿香泥塑一尊女菩萨，便叫你去数天上的星，结果是筋疲力尽地住手，假如是聪明一点。冯君从中外文学里涵养他的趣味，一面独自走他的路，这虽然寂寞一点，却是最确实的走法，我希望他这样可以走到比此刻的更是独殊的[①]他自己的艺术之大道上去。

这种丛书，向来都是没有别人的序的，但在一年多前我就答应冯君，出小说集时给做一篇序，所以现在不得不写一篇。这只代表我个人的意见，并不是什么批评。我是认识冯君，并且喜欢他的作品的，所以说的不免有点偏，倘若当作批评去看，那就有点像“戏台里喝彩”式的普通评论，不是我的本意了。

一九二五年九月三十日，于北京。

【镭校】

①“的”原作“地”。

《桃园》跋

议论人家的事情很不容易，但假如这是较为熟识的人，那么这事更不容易，有如议论自己的事情一样，不知怎么说才得要领。《桃园》的著者可以算是我的老友之一，虽然我们相识的年数并不大多，只是谈论的时候却也不少，所以思想上总有若干相互的了解。然而要问废名君的意见到底是如何，我就觉得不能够简单地说出。从意见的异同上说，废名君似很赞同我所引的说蔼理斯是叛徒与隐逸合一的话，他现在隐居于西郊农家，但谈到有些问题他的思想似乎比我更为激烈；废名君很佩服狭斯比亚，我则对于这个大戏曲家纯是外行，正如对于戏曲一切。废名君是诗人，虽然是做着小说；我的头脑是散文的，唯物的。我所能说的大略就是这一点。

但是我颇喜欢废名君的小说，这在《竹林的故事》的序上已经说过。我所喜欢的第一是这里面的文章。《笑府》载乡人喝松萝泉水茶称赞茶热得好，我这句话或者似乎有同样的可笑。“然而不然”。文艺之美，据我想形式与内容要各占一半。近来创作不大讲究文章，也是新文学的一个缺陷。的确，文坛上也有做得流畅或华丽的文章的小说家，但废名君那样简炼的却很不多见。在《桃园》中随便举一个例，如三十六页上云：

铁里渣在学园公寓门口买花生吃！

程厚坤回家。

达材想了一想，去送厚坤？——已经走到了门口。

达材如入五里雾中，手足无所措，——当然只有望着厚坤喊。……

这是很特别的，简洁而有力的写法，虽然有时候会被人说是晦涩。这种文体于小说描写是否唯一适宜我也不能说，但在我的喜含蓄的古典趣味（又是趣味！）上觉得这是一种很有意味的文章。其次，废名君的小说里的人物也是颇可爱的。这里边常出现的是老人，少女与小孩。这些人与其说是本然的，无宁说是当然的人物；这不是著者所见闻的实人世的，而是所梦想的幻景的写象，特别是长篇《无题》中的小儿女，似乎尤其是著者所心爱，那样慈爱地写出来，仍然充满人情，却几乎有点神光了。年青的时候读日本铃木三重吉的《千代纸》中几篇小说，我看见所写的幻想的少女，也曾感到仿佛的爱好。在《桃园》里有些小说较为特殊，与著者平常的作品有点不同，但是，就是在这里，例如张先生与秦达材，他们即使不讨人家的喜欢，也总不招人家的反感，无论言行怎么滑稽，他们的身边总围绕着悲哀的空气。废名君小说中的人物，不论老的少的，村的俏的，都在这一种空气中行动，好像是在黄昏天气，在这时候朦胧暮色之中一切生物无生物都消失在里面，都觉得互相亲近，互相和解。在这一点上废名君的隐逸性似乎是很占了势力。

说了好些话终于是不得要领。这也没法，也不要紧，我在上边已经说过，这是不会得要领的。而且我本来不是来批评《桃园》和废名君，不过因为曾经对废名君说给他在《桃园》后面写一篇小文，现在写这一篇送给他以了旧欠罢了。

十七年十月三十一日，于北平市，岂明。

《枣》和《桥》的序

最初废名君的《竹林的故事》刊行的时候，我写过一篇序，随后《桃园》出版，我又给他写了一篇跋。现在这《枣》和《桥》两部书又要印好了，我觉得似乎不得不再来写一篇小文，——为什么呢？也没有什么理由，只是想借此做点文章，并未规定替废名君包写序文，而且实在也没有多少意思要说，又因为太懒，所以只预备写一篇短序，给两部书去合用罢了。

废名君的小说，差不多每篇我都是读过了的。这些长短篇陆续在报章杂志上发表，我陆续读过，但也陆续地大都忘记了。读小说看故事，从前是有过的，有如看电影，近来不大热心了。讲派别，论主义，有一时也觉得很重要，但是如禅和子们所说，依旧眼在眉毛下，日光之下并无新事，归根结蒂，赤口白舌，都是多事。分别作品[1]中的人物，穿凿著者的思想，不久前[2]还是喜欢做，即如《桃园》跋中尚未能免，可是想起来煞是可笑，口口声声称赞“不知为不知”的古训，结局何曾受用得一毫一分。俗语云，“吃过肚饥，话过忘记”，读过也就忘记，原是莫怪莫怪。然而忘记之馀却也并不是没有记得的东西，这就是记得为记得，似乎比较地是忠实可靠的了。我读过废名君这些小说所未忘记的是这里边的文章。如有人批评我说是买椟还珠，我也可以承认，聊以息事宁人，但是容我诚实地说，我觉得废名君的著作在现代中国小说界有他独特的价值者，其第一的原因是其文章之美。

关于文章之美的话，我前在《桃园》跋里已曾说及，现在的意思却略有不同。废名君用了他简炼的文章写所独有的意境，固然是很可喜，再从近来文体的变迁上着眼看去，更觉得有意义。废名君的文章近一二年来很被人称为晦涩。据友人在河北某女校询问学生的结果，废名君的文章是第一名的难懂，而第二名乃是平伯。本来晦涩的原因普通有两种，即是思想之

【锺校】

① 原无“品”字，今增。

② 原无“前”字，今增。

深奥或混乱，但也可以由于文体之简洁或奇僻生辣，我想现今所说的便是属于这一方面。在这里我不禁想起明季的竟陵派来。当时前后七子专门做假古董，文学界上当然生了反动，这就是公安派的新文学运动。依照文学发达的原则，正如袁中郎自己所预言：

> 夫法因于敝而成于过者也：矫六朝骈丽饤饾之习者以流丽胜，饤饾者固流丽之因也，然其过在轻纤，盛唐诸人以阔大矫之；已阔矣，又因阔而生莽，是故续盛唐者以情实矫之；已实矣，又因实而生俚，是故续中唐者以奇僻矫之。

公安派的流丽遂亦不得不继以竟陵派的奇僻，我们读三袁和谭元春刘侗的文章，时时感到这种消息，令人慨然。公安与竟陵同是反拟古的文学，形似相反而实相成，观于张宗子辈之融和二者以成更为完美的文章可以知之，但是其间变迁之故却是很可思的。民国的新文学差不多即是公安派复兴，唯其所吸收的外来影响不止佛教而为现代文明，故其变化较丰富，然其文学之以流丽取胜初无二致，至“其过在轻纤”，盖亦同样地不能免焉。现代的文学悉本于“诗言志”的主张，所谓“信腕信口皆成律度”的标准原是一样，但庸熟之极不能不趋于变，简洁生辣的文章之兴起，正是当然的事，我们再看诗坛上那种“豆腐干”式的诗体如何盛行，可以知道大势所趋了。诗的事情我不知道，散文的这个趋势我以为是很对的，同是新文学而公安之后继以竟陵，犹言志派新文学之后总有载道派的反动，此正是运命的必然，无所逃于天壤之间。进化论后笃生尼采，有人悦服其超人说而成诸领袖，我乃只保守其世事轮回的落伍意见，岂不冤哉。

废名君近作《莫须有先生传》，似与我所说的话更相近一点，但是等他那部书将要出版，我再来做序时，我的说话又得从头去另找了。

二十年七月五日，于北平。

《莫须有先生传》序

茶饭一年年地吃多了，年纪不能没有长进，而思想也就有点儿变化，新的变老，老的变朽，这大约是一定的情形。然而又听说臭腐也会化为神奇。腐草为萤，腐木为复育，雀入大水为蛤，却太神奇了，举个浅近的例，还是蒲桃频果之变成酒罢。蒲桃频果死于果子，而活于酒矣。这在喜吃果子的与爱喝酒的看来，恐怕意思不大相同罢，但是结局或者竟是都对。讲到蒲桃频果自身，这些都有点隔膜，他们大概还只预备与草木同腐，长养子孙，别的都是偶尔得之，不过既得就成为必然，所以这也可以算是运命的一条线了。

我近几年来编了几部小文集，其一曰《谈龙》《谈虎》，其二曰《永日》，其三则曰《看云集》。甚矣，吾衰也。古人说过，“云从龙，风从虎”，谈谈似乎有点热闹，到了“且以永日”便简直沉没了。

《诗》云：

有兔爰爰，雉离于罗。

我生之初，尚无为。

我生之后，逢此百罹。

尚寐无吪。

虽然未必至于君子不乐其生而作此诗，总之是忧愤的颓放，而“行到水穷处，坐看云起时”却又如何呢。有老朋友曰，病在还要看，若能作“闭目集”便更好。我谢未能。据一朋友说，有人于中夜摸得跳蚤，便拔下一根头发（此发盖颇长，这是清朝的故事），拴在跳蚤的脖颈，大抵八个拴作一串，差不多同样的距离，有这技艺才可以写“闭目集”的文章，有如洞里鼓瑟，得心应手，我只有羡慕而已。行百里者半九十。我之衰使我看云，尚未使我更进乎道，以发缚蚤，目无全蚤，然则我之衰其犹未甚耶。

我的朋友中间有些人不比我老而文章已近乎道，这似乎使我上文的话应该有所修正，废名君即其一。我的《永日》或可勉强说对了《桃园》，《看云》对《枣》和《桥》，但《莫须有先生》那是我没有。人人多说《莫须有先生》难懂，有人来问我，我所懂未必多于别人，待去转问著者，最好的说法都已写在纸上，问就是不问。然而我实在很喜欢《莫须有先生传》。读《莫须有先生》，好像小时候来私塾背书，背到“蒹葭苍苍”，忽然停顿了，无论怎么左右频摇其身，总是不出来，这时先生的戒方夯地一声，“白露为霜!”这一下子书就痛快地背出来了。蒹葭苍苍之下未必一定应该白露为霜，但在此地却又正是非白露为霜不可，想不出，待得打出，虽然打，却知道了这相连两句，仿佛有机似地生成的，这即是老学之一得，异于蒙学之一吓者也。《莫须有先生》的文章的好处，似乎可以旧式批语评之曰，情生文，文生情。这好像是一道流水，大约总是向东去朝宗于海，他流过的地方，凡有什么汊港湾曲，总得灌注潆洄一番，有什么岩石水草，总要披拂抚弄一下子才再往前去，这都不是他的行程的主脑，但除去了这些也就别无行程了。这又好像是风，——说到风我又不能不想起庄子来，在他的书中有一段话讲风讲得最好，乐得借用一下。其文曰：

夫大块噫气，其名为风，是唯无作，作则万窍怒呺。而独不闻之翏翏乎？山林之畏佳[①]，大木百围之窍穴，似鼻，似口，似耳，似枅，似圈，似臼，似洼者，似污者，激者，謞者，叱

【蒋校】

①“隹”原作“佳”。

者，吸者，叫者，譹者，宎者，咬者。前者唱于而随者唱喁。泠风则小和，飘风则大和，厉风济则众窍为虚，而独不见之调调之刁刁者乎？

庄生此言不但说风，也说尽了好文章。今夫天下之难懂有过于风者乎？而人人不以为难懂，刮大风群知其为大风，刮小风莫不知其为小风也。何也？夫吹万不同，而使其自已也，咸其自取，怒者其谁耶？那些似鼻似口似耳等的窍穴本来在那里，平常非以为他们损坏了树木，便是窝藏蝎子蜈蚣，看也没有人看一眼，等到风一起来，他便爱惜那万窍，不肯让他们虚度，于是使他们同时呐喊起来，于是激者謞者叱者等就都起来了，不管蝎子会吹了掉出来，或者蜈蚣喘不过气来。大家知道这是风声，不会有人疑问那似鼻者所发的怪声是为公为私，正如水流过去使那藻带飘荡几下不会有人要查究这是什么意思。能做好文章的人他也爱惜所有的意思，文字，声音，故典，他不肯草率地使用他们，他随时随处加以爱抚，好像是水遇见可飘荡的水草要使他飘荡几下，风遇见能叫号的窍穴要使他叫号几声，可是他仍然若无其事地流过去吹过去，继续他向着海以及空气稀薄处去的行程。这样所以是文生情，也因为这样所以这文生情异于做古文者之做古文，而是从新的散文中间变化出来的一种新格式。

这是我对于《莫须有先生传》的意见，也是关于好文章的理想。我觉得也不敢不勉，但是天分所限，往往事倍功半，难免有瞻之在前忽焉在后之感，恐怕我之能写出一两篇近于“闭目集”的文章还是有点远哉遥遥罢。

民国二十一年二月六日，于北平苦雨斋。

《陶庵梦忆》序

平伯将重刊《陶庵梦忆》，叫我写一篇序，因为我从前是越人。

光绪二十三年（一八九七年）祖父因事系杭州府狱，我跟着宋姨太太住在花牌楼，每隔两三天去看他一回，就在那里初次见到《梦忆》，是《砚云甲编》本，其中还有《长物志》及《槎上老舌》也是我那时所喜欢的书。

张宗子的著作似乎很多，但《梦忆》以外，我只见过《於越三不朽图赞》《琅嬛文集》《西湖梦寻》三种，他所选的《一卷冰雪文》曾在大路的旧书店中见过，因索价太昂未曾买得。我觉得《梦忆》最好，虽然文集里也有些好文章，如《梦忆》的纪泰山几乎就是《岱志》的节本，其写人物的几篇也与《五异人传》有许多相像。《三不朽》是他的遗民气的具体的表现，有些画像如姚长子等未免有点可疑，但别的大人物恐怕多有所本，我看王谑庵像觉得这是不可捏造的，因为它很有点儿个性。

《梦忆》大抵都是很有趣味的。对于“现在”，大家总有点不满足，而且此身在情景之中，总是有点迷惘似的，没有玩味的馀暇，所以人多有逃现世之倾向，觉得只有梦想或是回忆是最甜美的世界。讲乌托邦的是在做着满愿的昼梦，老年人记起少时的生活也觉得愉快，不，即是昨夜的事情也要比今日有趣：这并不一定由于什么保守，实在是因为这些过去才经得起我们慢慢地抚摩赏玩，就是要加减一两笔也不要紧。遗民的感叹也即属于此类，不过它还要深切些，与白发宫人说天宝遗事还有点不同，或者好比是寡妇的追怀罢。

《梦忆》是这一流文字之佳者，而所追怀者又是明朝的事，更令我觉得有意思。我并不是因为民族革命思想的影响，特别对于明朝有什么情分，老实说，只是不相信清朝人——有那一条辫发拖在背后会有什么风雅，正如缠足的女人我不相信会是美人。

《梦忆》所记的多是江南风物，绍兴事也居其一部分，而这又是与我所知道的是多么不同的一个绍兴。会稽虽然说是禹域，到底还是一个偏隅小郡，终不免是小家子相的。讲到名胜地方原也不少，如大禹的陵，平水，蔡中郎的柯亭，王右军的戒珠寺，兰亭等，此外就是平常的一山一河，也都还可随便游玩，得少佳趣，倘若你有适当的游法。但张宗子是个都会诗人，他所注意的是人事而非天然，山水不过是他所写的生活的背景。说到这一层，我记起《梦忆》的一二则，对于绍兴实在不胜今昔之感。

明朝人即使别无足取，他们的狂至少总是值得佩服的，这一种狂到现今就一点儿都不存留了。不知从什么时候起的，绍兴的风水变了的缘故罢，本地所出的人才几乎限于师爷与钱店官这两种，专以苛细精干见长，那种豪放的气象已全然消灭，那种走遍天下找寻《水浒传》脚色的气魄已没有人能够了解，更不必说去实行了。他们的确已不是明朝的败家子，却变成了乡下的土财主，这不知到底是祸是福！“城郭如故人民非”，我看了《梦忆》之后不禁想起仙人丁令威的这句诗来。

张宗子的文章是颇有趣味的，这也是使我喜欢《梦忆》的一个缘由。我常这样想，现代的散文在新文学中受外国的影响最少，这与其说是文学革命的还不如说是文艺复兴的产物，虽然在文学发达的程途上复兴与革命是同一样的进展。在理学与古文没有全盛的时候，抒情的散文也已得到相当的长发，不过在学士大夫眼中自然也不很看得起。我们读明清有些名士派的文章，觉得与现代文的情趣几乎一致，思想上固然难免有若干距离，但如明人所表示的对于礼法的反动则又很有现代的气息了。

张宗子是大家子弟，《明遗民传》称其“衣冠揖让，绰有旧人风轨”，不是要讨人家欢喜的山人，他的洒脱的文章大抵出于性情的流露，读去不会令人生厌。《梦忆》可以说是他文集的选本，除了那些故意用的怪文句，我觉得有几篇真写得不坏，倘若我自己能够写得出一两篇，那就十分满足了。但这是歆羡不来，学不来的。

平伯将重刊《陶庵梦忆》，这是我所很赞成的：这回却并不是因为我从前是越人的缘故，只因《梦忆》是我所喜欢的一部书罢了。

民国十五年十一月五日，于京兆宛平。

《杂拌儿》跋

北京风俗于过年时候多吃杂拌儿，平伯取以名其文集。杂拌儿系一种什锦干果，故乡亦有之，称曰梅什儿，唯繁简稍不同，梅什儿虽以梅名，实际却以糖煮染红的茭白片和紫苏为主，半梅之类乃如晨星之寥落，不似杂拌儿之自瓜子以至什么果膏各种都有也。平伯借它来做文集的名字，大约是取它杂的意思，集内三十二篇文章，确有五分之一的样子是有考据性质的，但是，正如瓜子以至果膏究竟还是同样的茶食，这些文章也与别的抒情小品一样是文学的作品。平伯所写的文章自具有一种独特的风致。——喔，在这个年头儿大家都在检举反革命之际，说起风致以及趣味之类恐怕很有点违碍，因为这都与“有闲”相近。可是，这也没有什么法儿，我要说诚实话，便不得不这么说。我觉得还应该加添一句：这风致是属于中国文学的，是那样地旧而又这样地新。

我以前在重刊本《梦忆》序上曾经说过：

现代的散文在新文学中受外国的影响最少，这与其说是文学革命的还不如说是文艺复兴的产物，虽然在文学发达的程途上复兴与革命是同一样的进展。在理学与古文没有全盛的时候，抒情的散文也已得到相当的长发，不过在学士大夫眼中自然也不很看得起。我们读明清有些名士派的文章，觉得与现代文的情趣几乎一致，思想上固然难免有若干距离，但如明人所表示的对于礼法的反动则又很有现代的气息了。

唐宋文人也作过些性灵流露的散文，只是大都自认为文章游戏，到了要做"正经"文章时便又照着规矩去做古文；明清时代也是如此，但是明代的文艺美术比较地稍有活气，文学上颇有革新的气象，公安派的人能够无视古文的正统，以抒情的态度作一切的文章，虽然后代批评家贬斥它为浅率空疏，实际却是真实的个性的表现，其价值在竟陵派之上。

以前的文人对于著作的态度，可以说是二元的，而他们则是一元的，在这一点上与现代写文章的人正是一致。现在的人无论写什么都用白话文，也就是统一的一例，与庚子前后的新党在《爱国白话报》上用白话，自己的名山事业非用古文不可的绝不相同了。

以前的人以为文是“以载道”的东西，但此外另有一种文章却是可以写了来消遣的；现在则又把它统一了，去写或读可以说本于消遣，但同时也就是传了道了，或是闻了道。除了还是想要去以载道的老少同志以外，我想现在的人的文学意见大抵是这样，这也可以说是与明代的新文学家的意思相差不远的。

在这个情形之下，现代的文学——现在只就散文说——与明代的有些相像，正是不足怪的，虽然并没有去模仿，或者也还很少有人去读明文，又因时代的关系在文字上很有欧化的地方，思想上也自然要比四百年前有了明显的改变。现代的散文好像是一条湮没在沙土下的河水，多少年后又在下流被掘了出来；这是一条古河，却又是新的。我读平伯的文章，常想起这些话来，现在便拿来写在后边，算作一篇题记。久病初起，胡涂的头脑更加胡涂，有些话说的不得要领，愿平伯勿笑也。

民国十七年五月十六日，周作人，于北京。

《杂拌儿之二》序

《杂拌儿》初编上我写过一篇跋，这回二编将要印成，我来改写序文了。这是我的一种进步，觉得写序与跋都是一样，序固不易而跋亦复难，假如想要写得像个样子。我又有一种了悟，以为文章切题为妙，而能不切题则更妙。不过此事大不好办。傅青主先生说过，“不会要会固难，会了要不会尤难也，吾几时得一概不会耶？”我乃是还没有会却就想不会了，这事怎么能行，此我做序之所以想来想去而总写不出也。

文章做不出，只好找闲书来看。看《绝俗楼我辈语》《燕子龛随笔》，看《浮生六记》《西青散记》，看《休庵影语》，觉得都不见佳。其故何也？《复堂日记》卷三曰：

> 《西青散记》致语幽清，有唐人说部风，所采诸诗，玄想微言，潇然可诵，以示眉叔，欢跃

叹赏，固性之所近，施均父略翻五六纸掷去之矣。

我自己知道不是文学家，读古今人的作品多不免有隔膜，对于诗词歌赋或者较好一点，到了散文便不大行了，往往要追求其物外之言，言中之物，难免落入施均父一路。殆亦是性之所偏欤。

所谓言与物者何耶，也只是文词与思想罢了，此外似乎还该添上一种气味。气味这个字仿佛有点暧昧而且神秘，其实不然。气味是很实在的东西，譬如一个人身上有羊膻气，大蒜气，或者说是有点油滑气，也都是大家所能辨别出来的。这样看去，三代以后的文人里我所喜欢的有陶渊明颜之推两位先生，却巧都是六朝人物。此外自然也有部分可取，即如上边所说五人中，沈三白史悟冈究竟还算佼佼者，《六记》中前三篇多有妙文，《散记》中纪游纪风物如卷二记蟋蟀及姑恶鸟等诸文皆佳，大抵叙事物抒情绪都颇出色，其涉及人生观处则悉失败也。孔子曰，盍各言尔志。我们生在这年头儿，能够于文字中去找到古今中外的人听他言志，这实在已是一个快乐，原不该再去挑剔好丑。但是话虽如此，我们固然也要听野老的话桑麻，市侩的说行市，然而友朋间气味相投的闲话，上自生死兴衰，下至虫鱼神鬼，无不可谈，无不可听，则其乐益大，而以此例彼，人境又复不能无所偏向耳。

胡乱的讲到这里，对于《杂拌儿之二》我所想说的几句话可以接得上去了。平伯那本集子里所收的文章大旨仍旧是“杂”的，有些是考据的，其文词气味的雅致与前编无异，有些是抒情说理的，如《中年》等，这里边兼有思想之美，是一般文士之文所万不能及的。此外有几篇讲两性或亲子问题的文章，这个倾向尤为显著。这是以科学常识为本，加上明净的感情与清澈的智理，调合成功的一种人生观，以此为志，言志固佳，以此为道，载道亦复何碍。“此刻现在”，中古圣徒遍于目前，欲找寻此种思想盖已甚难，其殆犹求陶渊明颜之推之徒于现代欤。平伯的文集我曾题记过几回，关于此点未尝说及，今特为拈出之。

民国二十一年十一月二十五日。

《燕知草》跋

小时候读书不知有序，每部书总从目录后面第一页看起。后来年纪稍长，读外国书知道索引之必要与导言之有益，对于中国的序跋也感到兴趣。桐城派的文章固然无聊，只要他说得出道理来，那也就值得看，譬如吴挚甫的《天演论》序与林琴南的“哈氏丛书”诸序，虽然有好些谬语，却是颇有意思。因为我喜欢读序，所以也就有点喜欢写序；不过，序实在不好做，于是改而写跋。

做序是批评的工作，他须得切要地抓住了这书和人的特点，在不过分的夸扬里明显地表现出来，这才算是成功，跋则只是整个读过之后随感地写出一点印象，所以较为容易了。但是话虽如此，我却恐怕连这个也弄不好。平伯的这些文章，我都是一篇篇地读过的，大部分还是原稿，只有三两篇是从印本上看来，可是现在回想整个的印象，实在有点儿迷糊了。我觉得里边的文字都是写杭州的，这个证以佩弦的序言可以知道是不错。可惜我与杭州没有很深的情分，十四五岁曾经住过两个年头，虽然因了幼稚的心的感动，提起塔儿头与清波门都还感到一种亲近，本来很是嫌憎的杭州话也并不觉得怎么讨厌，但那时环境总是太暗淡了，后来想起时常是从花牌楼到杭州府的一条路，发见自己在这中间，一个身服父亲的重丧的小孩隔日去探望在监的祖父。我每想到杭州，常不免感到些忧郁。但是，我总还是颇有乡曲之见的人，对于浙江的事物很有点好奇心，特别是杭州——我所不愿多想的杭州的我所不知道的事情，却很愿意听，有如听人家说失却的情人的行踪与近状，能够得到一种寂寞的悦乐。《燕知草》对于我理应有此一种给予，然而平伯所写的杭州还是平伯多而杭州少，所以就是由我看来也仍充满着温暖的色彩与空气。

我平常称平伯为近来的一派新散文的代表，是最有文学意味的一种，这类文章在《燕知草》中特别地多。我也看见有些纯粹口语体的文章，在受过新式中学教育的学生手里写得很是细腻流丽，觉得有造成新文体的可能，使小说戏剧有一种新发展，但是在论文——不，或者不如说小品文，不专说理叙事而以抒情分子为主的，有人称他为"絮语"过的那种散文上，我想必须有涩味与简单味，这才耐读，所以他的文词还得变化一点。以口语为基本，再加上欧化语，古文，方言等分子，杂揉调和，适宜地或吝啬地安排起来，有知识与趣味的两重的统制，才可以造出有雅致的俗语文来。我说雅，这只是说自然，大方的风度，并不要禁忌什么字句，或者装出乡绅的架子。平伯的文章便多有这些雅致，这又就是他近于明朝人的地方。不过我们要知道，明朝的名士的文艺诚然是多有隐遁的色彩，但根本却是反抗的，有些人终于做了忠臣，如王谑庵到复马士英的时候便有“会稽乃报仇雪耻之乡，非藏垢纳污之地”的话，大多数的真正文人的反礼教的态度也很显然，这个统系我相信到了李笠翁、袁子才还没有全绝，虽然他们已都变成了清客了。中国新散文的源流我看是公安派与英国的小品文两者所合成，而现在中国情形又似乎正是明季的样子，手拿不动竹竿的文人只好避难到艺术世界里去，这原是无足怪的。我常想，文学即是不革命，能革命就不必需要文学及其他种种艺术或宗教，因为他已有了他的世界了；接着吻的嘴不再要唱歌，这理由正是一致。但是，假如征服了政治的世界，而在别的方面还有不满，那么当然还有要到艺术世界里去的时候，拿破仑在军营中带着《维特的烦恼》可以算作一例。

文学所以虽是不革命，却很有他的存在的权利与必要。——从《燕知草》说到明朝，又从明朝说到革命，这个野马跑得太远了，实在我只想说明，文学是不革命，然而原来是反抗的：这在明朝小品文是如此，在现代的新散文亦是如此。平伯这部小集是现今散文一派的代表，可以与张宗子的《文秕》（刻本改名《琅嬛文集》）相比，各占一个时代的地位，所不同者只是平伯年纪尚青，《燕知草》的分量也较少耳。

中华民国十七年十一月二十二日，于北平市。

《近代散文抄》序[1]

启无编选明清时代的小品文为一集，叫我写一篇序或跋，我答应了他，已将有半年了。我们预约在暑假中缴卷，那时我想，离暑假还远，再者到了暑假也还有七十天闲暇，不愁没有工夫，末了是反正不管序跋，随意乱说几句即得，不必问切不切题，因此便贸贸然地答应下来了。到了现在鼻加答儿好了之后，仔细一算已过了九月十九，听因百说启无已经回到天津，而平伯的跋也在“草”上登了出来，乃不禁大着其忙，急急地来构思作文。本来颇想从平伯的跋里去发见一点提示，可以拿来发挥一番，较为省力，可是读后只觉得有许多很好的话都被平伯说了去，很有点儿怨平伯之先说，也恨自己之为什么不先做序，不把这些话早截留了，实是可惜之至。不过，这还有什么

【锺校】

① 刊《骆驼草》《看云集》时原题《〈冰雪小品选〉序》。

办法呢？只好硬了头皮自己来想罢，然而机会还是不肯放弃，我在平伯的跋里找到了这一句话，——“小品文的不幸无异是中国文坛上的一种不幸”做了根据，预备说几句，虽然这些当然是我个人负责。

我要说的话干脆就是，启无的这个工作是很有意思的，但难得受人家的理解和报酬。为什么呢？因为小品文是文艺的少子，年纪顶幼小的老头儿子。文艺的发生次序大抵是先韵文，次散文，韵文之中又是先叙事抒情，次说理，散文则是先叙事，次说理，最后才是抒情。借了希腊文学来做例，一方面是史诗和戏剧，抒情诗，格言诗，一方面是历史和小说，哲学，——小品文，这在希腊文学盛时实在还没有发达，虽然那些哲人（Sophistai）似乎有这一点气味，不过他们还是思想家，有如中国的诸子，只是勉强去仰攀一个渊源，直到基督纪元后希罗文学时代才可以说真是起头了，正如中国要在晋文里才能看出小品文的色彩来一样。我卤莽地说一句，小品文是文学发达的极致，它的兴盛必须在王纲解纽的时代。未来的事情，因为我到底不是问星处，不能知道，至于过去的史迹却还有点可以查考。我想古今文艺的变迁曾有两个大时期，一是集团的，一是个人的，在文学史上所记大都是后期的事，但有些上代的遗留如歌谣等，也还能推想前期的文艺的百一。在美术上便比较地看得明白，绘画完全个人化了，雕塑也稍有变动，至于建筑，音乐，美术工艺如瓷器等，却都保存原始的迹象，还是民族的集团的而非个人的艺术，所寻求表示的也是传统的而非独创的美。在未脱离集团的精神之时代，硬想打破它的传统，又不能建立个性，其结果往往青黄不接，呈出丑态，固然不好，如以现今的瓷器之制作绘画与古时相较，即可明了，但如颠倒过来叫个人的艺术复归于集团的，也不是很对的事。对不对是别一件事，与有没有是不相干的，所以这两种情形直到现在还是并存，不，或者是对峙着。集团的美术之根据最初在于民族性的嗜好，随后变为师门的传授，遂由硬化而生停滞，其价值几乎只存在技术一点上了。文学则更为不幸，授业的师傅让位于护法的君师，于是集团的“文以载道”与个人的“诗言志”两种口号成了敌对，在文学进了后期以后，这新旧势力还永远相搏，酿了过去的许多五花八门的文学运动。在朝廷强盛，政教统一的时代，载道主义一定占势力，文学大盛，统是平伯所谓“大的高的正的”，可是又就“差不多总是一堆垃圾，读之昏昏欲睡”的东西。一到了颓废时代，皇帝祖师等等要人没有多大力量了，处士横议，百家争鸣，正统家大叹其人心不古，可是我们觉得有许多新思想好文章都在这个时代发生，这自然因为我们是诗言志派的。小品文则在个人的文学之尖端，是言志的散文，它集合叙事说理抒情的分子，都浸在自己的性情里，用了适宜的手法调理起来，所以是近代文学的一个潮头，它站在前头，假如碰了壁时自然也首先碰壁。因为这个缘故，启无选集前代的小品文，给学子当作明灯，可以照见来源去路，不但是在自己很有趣味，也是对于别人很有利益的事情。不过在载道派看来这实在是左道旁门，殊堪痛恨，启无的这本文选其能免于覆瓿之厄乎，未可知也。但总之也没有什么关系。是为序。

中华民国十九年九月二十一日，于北平煆药庐。

《近代散文抄》新序

我给启无写《近代散文抄》的序还是在两年前，到了现在书才出版，再拿起原序来看，觉得这其间的时光仿佛有点辽远了，那里所说的话也不免有点迂远了，便想再来添写这篇新序，老老实实的说几句话。

启无编刊这部散文抄，有益于中国学术文艺上的地方很多，最重要的是这两点，其一，中国讲本国的文学批评或文学史的，向来不大看重或者简直抹杀明季公安竟陵两派文章，偶尔提，也总根据日本和清朝的那种官话加以轻蔑的批语，文章统系仿佛是七子之后便由归唐转交桐城派的样子，这个看法我想是颇有错误的。他们不知道公安竟陵是那时的一种新文学运动，这不但使他们对于民国初年的文学革命不能了解其意义，便是清初新旧文学废兴也就有些事情不容易明了了。日本铃木虎雄的《中国诗论史》上举出性灵一派与格调气韵诸说相并，但是不将这派的袁子才当作公安的末流，却去远寻杨诚斋来给他做义父，便是一例，中国眷录铃木之说者也就多照样的说下去了。启无这部书并非议论，只是勤劳的辑录明末清初的新文学派的文章，结果是具体的将公安竟陵两派的成绩——即其作品和文学意见结集在一处，对于那些讲中国文学的朋友供给一种材料，于事不无小补。古人的著作苟存于世间，其价值也自存在，不以无人顾问而消灭，公安竟陵非亲非眷，吾辈本无庸扰扰为古人争身后之名，只是有此文学史上的材料而听其湮没亦是可惜，如得有人为表而出之，乃亦大可喜耳。

其二，中国古文汗牛充栋，但披沙拣金，要挑剔多少真正好的文艺，却是极难的事。正宗派论文高则秦汉，低则唐宋，滔滔者天下皆是，以我旁门外道的目光来看，倒还是上有六朝下有明朝吧。我很奇怪学校里为什么有唐宋文而没有明清文——或称近代文，因为公安竟陵一路的文是新文学的文章，现今的新散文实在还沿着这个统系，一方面又是韩退之以来的唐宋文中所不易找出的好文章。平心静气的一想，未成正宗的新思想新文章希望公家来提倡本来有点儿傻气，不必说过去的便是现今的新文学在官公私各学校里也还没有站得住脚呢。退一步想，只好索解于民间，请青年学子有点好奇心的自己来看看吧。可惜明人文集在此刻极不易得，而且说也奇怪，这些新文人的著作又多是清朝的禁书，留下来的差不多是秦火之馀，更是奇货可居，不是学生之力所能收留的了。在这里，启无的这部书的确是“实为德便”。在近来两三年内启无利用北平各图书馆和私家所藏明人文集，精密选择，录成两卷，各家菁华悉萃于此，不但便于阅读，而且使难得的古籍，久湮的妙文，有一部分通行于世，寒畯亦得有共赏的机会，其功德岂浅鲜哉。平常有人来问我近代文中有什么书可读，我照例写几部绝版禁书的名目给他，我知道这是画饼，但是此外实无办法，现在这部散文抄出版之后那我就有了办法了。

中华民国二十一年九月六日，于北平。

《发须爪》序

我是一个嗜好颇多的人。假如有这力量，不但是书籍，就是古董也很想买，无论金，石，瓷，瓦，我都是很喜欢的。现在，除了从旧货摊收来的一块“凤皇砖”，一面“石十五郎镜”和一个“龟鹤齐寿”的钱以外，没有别的东西，只好翻弄几本新旧书籍，聊以消遣，而这书籍又是如此的杂乱的。我也喜看小说，但有时候又不喜欢看了，想找一本讲昆虫或是讲野蛮人的书来看，简直是一点儿统系都没有。但是有一样东西，我总是喜欢，没有厌弃过，而且似乎足以统一我的凌乱的趣味的，那便是神话。我最初所译的小说是哈葛德与安度阑合著的《红星佚史》（*The World's Desire* by H. R. Haggard and Andrew Lang），一半是受了林译“哈氏丛书”的影响，一半是阑氏著作的影响。我在东京的书店买到了“银丛书”（*The Silver Library*）中的《习俗与神话》（*Custom and Myth*）、

《神话仪式与宗教》（*Myth, Ritual and Religion*）等书，略知道人类学派的神话解释，对于神话感得很深的趣味，二十年来没有改变。我不能说什么是我的职业，虽然现在是在教书，但我可以说我的趣味是在于希腊神话，因为希腊的是世界的最美的神话。我有时想读一篇牧歌，有时想知道蜘蛛的结婚，实在就只是在圈子里乱走，我似乎也还未走出这个圈子。

我看神话或神话学全是为娱乐，并不是什么专门的研究。但有时也未尝没有野心，想一二年内自己译一部希腊神话，同时又希望有人能够编译或著述一部讲文化或只是宗教道德起源发达的略史。我平常翻开芬兰威斯忒玛耳克（E. Westermarck）教授那部讲道德观念变迁的大著，总对他肃然起敬，心想这于人类思想的解放上如何有功，真可以称是一部“善书”。在相信天不变道亦不变的中国，实在切需这类著作，即使是一小册也好。能够有人来做，表示道德是并非不变的，打破一点天经地义的迷梦，有益于人心世道实非浅鲜。我以前把这件事托付在研究社会学的朋友身上，荏苒十年，杳无希望，因为那些社会学者似乎都是弄社会政策的，只注意现代，于历史的研究大抵不着重的。这件事好像是切望中国赶快成为一个像样的民主国，急切不能成功，本来也是难怪的，虽然也难免略略地失望。但是这两年来，绍原和我玩弄一点笔墨游戏，起手发表《礼部文件》，当初只是说“闲话”，后来却弄假成真，绍原的《礼部文件》逐渐成为礼教之研究，与我所期望于社会学家的东西简直是殊途而同归，这实在是很可喜的。我现在所要计划的是，在绍原发刊他的第几卷的论文集时我应当动手翻译我的希腊神话。

绍原是专攻宗教学的。我当绍原在北京大学时就认识他。有一天下课的时候，绍原走来问我日本的什么是什么东西，领我到图书馆阅览室，找出一本叫做《亚细亚》的英文月报翻给我看，原来是什么人译的几首“Dodoitsu”，日本人用汉字写作“都都逸”，是近代的一种俗歌。我自己是喜欢都都逸的，却未必一定劝别人也去硬读，但是绍原那种探查都都逸的好奇与好事，我觉得是很可贵的，可以说这就是所以成就那种研究的原因，否则别人剃胡须，咬指甲，干他什么事，值得这样注意呢。绍原学了宗教学，并不信那一种宗教，虽然有些人颇以为奇（他们以为宗教学者即教徒），其实正是当然的，而且因此也使他更适宜于做研究礼教的工作，得到公平的结论。绍原的文章，又是大家知道的，不知怎地能够把谨严与游戏混和得那样好，另有一种独特的风致，拿来讨论学术上的问题，不觉得一点儿沉闷。因为这些缘故，我相信绍原的研究论文的发刊一定是很成功的。有人对于古史表示怀疑，给予中国学术界以好些激刺，绍原的书当有更大的影响：因为我觉得绍原的研究于阐明好些中国礼教之迷信的起源，有益于学术以外，还能给予青年一种重大的暗示，养成明白的头脑，以反抗现代的复古的反动，有更为实际的功用。我以前曾劝告青年可以拿一本文法或几何与爱人共读，作为暑假的消遣，现在同样的毫不踌躇地加添这一小本关于发须爪的迷信——礼教之研究的第一卷，作为青年必读书之一，依照了我个人的嗜好。

民国十五年十一月一日，于北京苦雨斋。

《英吉利谣俗》序

听说几位在上海的朋友近来正在讨论“学问”的问题，最近所发表的主张是学问无用论，这使我颇有点儿狼狈。难道我会觉得自己存着些什么“学问”，怕要变成无用么？当然不是的。我所以感到狼狈的是我现在要写一本书的序，而这本书所讲的似乎是一种学问。

这是绍原所译的《英吉利谣俗》，原名叫做*English Folklore*，普通就称作“英国民俗”。民俗是民俗学的资料，所以这是属于民俗学范围的一本书。民俗学——这是否能成为独立的一门学问，似乎本来就有点问题，其中所包含的三大部门，现今好做的只是搜集排比这些工作，等到论究其意义，归结到一种学说的时候，便侵入别的学科的范围，如信仰之于宗教学，习惯之于社会学，歌谣故事之于文学史等是也。民俗学的长处在于总集这些东西而同样地治理之，比各别的隔离的研究当更合理而且有效，譬如民俗学地治理歌谣故事，我觉得要比较普通那种文学史的——不自承认属于人类学或文化科学的那种文学史的研究更为正确，虽然歌谣故事的研究当然是应归文学史的范围，不过这该是人类学的一部之文学史罢了。民俗学的价值是无可疑的，但是他之能否成为一种专门之学则颇有人怀疑，所以将来或真要降格，改称为民俗志，也未可知罢。

即使还是一种学，然而他是有用的么，这又是一个问题。民俗学的特质如何，这要等专家来说，我不能乱道，但我想总多少与文化人类学相近罢？他就一民族或一地方搜集其信仰习惯谣谚，以上古及蛮荒的材料比较参考，明了其意义及发生分布之迹，如此而已，更无什么别的志愿目的。他未必要来证明先人之怎么近于禽兽，也未必要来预言后人之怎么可为圣贤。他只是说明现在怎么一回事罢咧，问这有什么用，实在不大说得出来。假如一定要追问下去，我恐怕这用处有点不大妙，虽然用处或者可以勉强找到一点。据英国茀来则博士说，现代文明国的民俗大都即是古代蛮风之遗留，也即是现今野蛮风俗的变相，因为大多数的文明衣冠的人物在心里还依旧是个野蛮。他说：

在文明国里最有教育的人，平常几乎不知道

> 有多少这样野蛮的遗风馀留在他的门口。到了上世纪这才有人发见，特别因了德国格林兄弟的努力。自此以后就欧洲农民阶级进行统系的研究，遂发见惊人的事实，各文明国的一部分的人民，其智力仍在野蛮状态之中，即文化社会的表面已为迷信所毁坏。

这意见岂不近于反动了么？我想这或者也不足怪，因为“事实与科学决不是怎样乐观的”。浪漫时代的需要假如是梦想与信仰，那么这当求之于诗人与宗教家，这是别一个方面。固然我也曾听说有理学者以物理学证明王之必要与神的存在，但是在人类的实录上却只能看出王或有或无，神或死或活这种情形而已。他的无用在此，不过据我看来，他的可贵也就在此罢。

因为不是弄学问的，关于民俗学我的意思就只有这一点，有些还是从别人的文章里看来的，对于绍原所译的书什么都没有说到。这也没有什么妨碍，原书在这里，加上绍原高明的译注，读者自能明了其价值与意义。本来绍原叫我做序，可谓问道于盲，未免将为黑齿国女学生所笑，而我之做序更如万松老人所说，正是“哑人作通事”，指似向人，吐露不出，已经写了千馀言，也就可以随手“带住”了罢。

民国二十年七月九日，于北平。

重刊《霓裳续谱》序

章衣萍君来信云拟重刊《霓裳续谱》，嘱写小序，已经有半年多了，我答应了，却老是写不出，这里自然可以有好些口实，但是最重要的是我自己对于民歌的意见有点动摇，不，或者不如说是转变了。我从前对于民歌的价值是极端的信仰与尊重，现在虽然不曾轻视，但有点儿怀疑了，假如序文必须是拥护的或喝采的，那么我恐怕实在已经是失去做序的资格了。可是话虽如此，日前的成约却总难以取消，所以还只好来写，即使是在戏台里叫的是倒好也罢。

我最初知道《霓裳续谱》是听常维钧君说的，我所有的一部也是承他替我代买来的，仔细想起来似乎连书价也还没有还他，这已经是五六年前的事了。那时大家热心于采集讴谣，见了这种集子，心里非常快活，因为一则得到讴谣比较研究的资料，二则发见采集事业的伴侣，所以特别感着一种浪漫的珍重。不久郑振铎君的《白雪遗音选》也出来了，我们知道这类名著已有了两种，《霓裳》成于一七九五，《白雪》成于一八〇四，相差只有九年，《霓裳》序上说明所集的大都是北京像姑们所唱的小调，《白雪》因为选本很可惜地没有抄录原序，关于地方和性质等不能知悉。而且郑选本又声明有些猥亵的情歌不能收入，仿佛更觉得有点缺陷，及至汪静之君的《续选》出现，两集共选三百四十多首，已及全书之半，里边的精华差不多可以说是都在这里了。我把《白雪遗音选》正续编看了一遍，又将《霓裳续谱》找出来一翻之后，好像有魔鬼诱惑似地有一缕不虔敬的怀疑之黑云慢慢地在心里飘扬起来，慢慢地结成形体，成为英国好立得教授（W. R. Halliday）在所著《民俗研究》序上的一句话："欧洲民间故事的研究，主要地，虽非全然地，是一个文学史上的研究。"别的且不管，总之在中国的民歌研究上，这句话即使不能奉为规律，也是极应注意的，特别是在对付文献上的材料的时候。这个疑心既然起来，我以前对于这些民谣所感觉的浪漫的美不免要走动了，然而她们的真与其真的美或者因此可以看见一点，那也是说不定的。

美国庚弥耳教授（F. B. Gummere）论英国叙事的民歌，力主集团的起源说，那种活灵活现的说法固然不很能佩服，但是以这种民歌为最古的诗，而且认为是纯粹民间的创作，我以前原是赞同的。回过头来看中国笔录的民歌集如上述二书，却感到有些不同，似乎纯粹的程度更差得多，证以好立得的话尤为显然。好立得对于英国叙事的民歌之价值且很怀疑，在论现代希腊的赞美歌的序文里说（*Folklore Studies*，Preface x-xiii）：

> 我的结论是，说民俗中的遗迹是无年代地久远这种假说，十中之九是无根据的。我在《民俗学杂志》三十四卷曾经说过，此后有机会时还想详细申言，我相信欧洲民间故事的研究，主要地，虽非全然地，是一个文学史上的研究。……却耳得教授的《英苏叙事民歌》的大著也指示出同一的方向。民间文学，民间歌谣与风习的大部分的确是由遗迹合成，但这大都是前代高级社会的文学与学问之遗迹而不是民众自己的创造。
>
> 我并不想和安诺德一同吃亏，他得到克耳（W. P. Ker）的非难，因为他诽谤叙事民歌的杰作，并且从民众诗神的最坏的作品里不公平地选出例子来证明他的批评。但同时我相信，我们如用了绝对的诗的标准来看，民间诗歌之美的价值总是被计算得过高，或者大抵由于感情作用的缘

故。人家忘记了这件事，有些杰作乃是偶然而且希有的，这多么少而且难，只要通读却耳得的一卷，即可使没有成见的人完全相信。现代希腊民歌之过被称赞亦不下于别国的叙事民歌。这里边确有一两篇很好的浪漫的诗，有些叙山寨生活的诗也有好的动人的情节，但是，像一切民间艺术一样，无论这是文学是锦绣或是什么，总括看来总禁不起仔细的审察。

据我所知道，民间的讲故事或说书都是很是因袭的技艺。这里边的新奇大抵在于陈旧的事件或陈旧的诗句之重排改造。这好像是用了儿童的积木玩具搭房屋。那些重排改造平常又并不是故意的，却是由于疏忽，所谓联想这非论理的心理作用常引起一件事情或一句成语，这照理本来都属别处的。……民间诗歌的即兴，在我所见到的说来，同样地全在于将因袭的陈言很巧妙地接合起来，这与真诗人的真创作来比较，正如我们早年照了《诗学梯阶》（*Gradus and Parnassum*）而诌出来的一样，相去很远。要证明通行的曲说，说一件大艺术品可以是一个群众或委员会的出产品，这是心理学地困难的事，至于真有价值的民间文艺品之集团的撰作说，干脆地说来，那在我看来简直是梦话罢了。

好立得的话或者在许多人要听了不喜欢，这个暂且不管，只是引用一部分来考察刚才所说的民歌集，我相信是很有好些用处的。《霓裳》《白雪》的诗我恐怕她的来源不在桑间濮上，而是花间草堂，不，或者且说太平阳春之间罢。《霓裳续谱》编者王楷堂的序里也曾说起：

> 余窃惟汉魏以来，由乐府变为歌行，由歌行变为词曲，欧苏辛柳而外，花间得其韵，实甫得其情，竹坞得其清华，草堂得其朴茂，逮近代之临川文长云亭天石笠翁悔庵诸公，缘情刻羽，皆足鬯其喜怒哀乐之怀，其词精警，其趣悠长。

这并不是书呆子妄发不相干的议论，来填凑序文，实在是他感觉到这个渊源，不过他还不能切实地知道，这些“优伶口技之馀”老实不客气地乃即是这赫赫世家的末流而已。

我猜想集中诗歌的来源可以有两类。其一是文人的作品，其中又有真的好诗，不过当然极少，不知有无百分之一，以及巧妙地或不巧妙地将陈言重排而成的韵文。其二是优伶自己的作品，其中也可以分类如上文。至于是否含有确由集团创造，直表民众真心的作品在内，那是我所不能知道的事。本来文人与优伶也何尝不是民众呢，但他们到底还是个人，而且文人的思想为士大夫阶级所限，优伶不准应试，而其思想却也逃不出士大夫阶级的羁绊，到了文字方面尤甚，所以文人的与优伶的文学差不多就无分别，都成为某一种的因袭了。我以前觉得中国自大元帅以至于庶人几乎人生观全是一致，很以为奇，随后看出这人生观全是士大夫阶级的（恐与西洋的所谓布耳乔亚有殊，故恕不引用新名词），而一样地通行于农工商，又极以为怪，现在这才明白了，原来就是这么一回事，中国民众就一直沿用上一阶级的思想，并保留一点前一时期的遗迹。

这个问题怕得拉开去，我现在只在民歌——前代集录的两部民歌上来看，很感到上面所述的情形之的确。可是，说到这里话又已脱了线，因为这又拉了民歌去说明社会情形，而我的本意只想就文学范围来谈谈罢了。据我现在的意见，这类民歌集，即举《霓裳续谱》为例，我们第一要紧是当作文学去研究或赏鉴，不要离开了文学史的根据而过分地估价，特别是凭了一时的感情作用。我把她认作小令套数的支流之通俗化，便是把她从诗歌的祖母这把高椅子上拉了下来，硬派作词曲的孙女儿，坐在小杌子上，我晓得一定有人很不满意，或认为反动的议论亦未可知，不过我相信在她文辞情意的因袭上很有明显的形迹可见，只要请精通词曲小令的人细加考校当可知其真相，我不过是一名苦力小工，把地面耙平一点，至于正式的建筑，我还得伫俟这方面的专家的明教。从前创造社的一位先生说过，中国近来的新文学运动等等都只是浪漫主义的发挥，歌谣研究亦是其一，大家当时大为民众民族等观念所陶醉，故对于这一面的东西以感情作用而竭力表扬，或因反抗旧说而反拨地发挥，一切估价就自然难免有些过当，不过这在过程上恐怕也是不得已的事，或者可以说是当然的初步，到了现在却似乎应该更进一步，多少加重一点客观的态度，冷静地来探讨或赏玩这些事情了。

我在上边把《霓裳续谱》说了一大套，仿佛真是替衣萍在台房里倒喝彩似的，其实自然不是，我只说明这类民歌不真是民众的创作，她的次序不是在文学史之首而是其末，至于其固有的价值原不因此而有所减却，这是我所要声明的。《霓裳续谱》出版在《白雪遗音》之前，虽然现在还没有那么名贵，但也总是不甚易得了，衣萍这回加以整理，重刊行世，确是很有意义的一件事。这集子里颇有不少的好诗，可以和《白雪》比较，其次这些都是北京像姑[1]们所唱的小

【锺校】

① 此处原衍“娘”字，已删。

曲，而其歌词又似多出文人手笔，其名字虽无可考，很令人想起旗亭画壁时的风俗，假如有人搜集这类材料，作文学史的研究，考察诗歌与倡优的关系，也是很有价值的工作，其重要或未必下于年号氏族等的研究欤。

十九年十月十四日，于北平。

《中国新年风俗志》序

在小时候不知怎的对于时令的记载很感到兴趣。最初见到一本不全的《岁时广记》，时常翻看，几乎有点不忍释手。后来得到日本翻刻本顾禄的《清嘉录》，这其间已有十多年之隔了，但是我的兴趣不但是依然如故，而且还可以说是有点儿增加。这是什么缘故呢？简单的说，大抵因为我是旧式的人罢。中国旧日是农业的社会，不，其实现在也是如此，不过因了各色人等的努力使得农村日就毁坏罢了。——中国旧日对于节气时令是很看重的，农家的耕作差不多以节气作标准，改用公历，加上许多政治意味的纪念日，使它国家化世界化了，这当然很好，但总之不是需要的农民历，这比头上挂不住箬帽还要不方便多了。田家作苦又是无间歇，或是不平匀的，他们不能按了房虚星昴来休息，忙时忙杀却又说不定闲时闲杀。这样说似乎农夫也是三个有闲的朋友，未免冤枉了他们，然而的确是有农闲，也就只有这时间可以休息或娱乐。我们城里人闹什么中秋端午，插菖蒲，看月亮，乡下人只是一样的要还账，实在没有多大味道，但是讲到新年以及各村不同的秋社，那真是万民同乐的一件大事情。予生也晚，已在马江战役之后，旧社会已开始动摇，然而在乡间过旧式的贫贱生活也总有十几年，受的许多影响未尽消灭，所以对于民间的时节风物至今还感到兴趣，这大抵由于个人的经历，因生爱好，其以学问为根底的缘因可以说是微乎其微了。

若是从学问上说，这些岁时节气却也不是那么微末无价值的。大家知道，英国彭女士的《民俗学概论》中第二部风俗编有一章是讲历及斋日、祭日的，在问题格中也详细的指导学人去纪录搜讨。年和节气是从太阳来的，月的变换则是根据月亮，所以历的安排实在很是困难，罗马该撒大将的那样办法，确如彭女士所说，只是把这问题决定而不是能够解决。本来既有阴阳之分，后来又加上新旧之别，在习惯上便留下多少零乱的旧迹，据说英国也还有这种情形，如财政结算及十年一次的国势调查都以四月五日为期，即是古时的“老太太节”。聪明的人所想像的那样世界，日出而作，日入而息，凿井而饮，耕田而食，除夕照常关门，元旦相见眨眨眼的社会未曾出现之前，人总难免有执着烦恼，歆羡嫌忌，那么旧的老太太节之流也就有她的势力在人心里了。季节有些像是一座浮桥，从这边走到彼岸去，冬尽春来，旧年死了，新年才生。在这时候有许多礼节仪式要举行，有的应该严肃的送走，或拿出去或简直丢掉，有的又同样严肃的迎进来。这些迎新送旧的玩意儿，聪明人说它是迷信固然也对，不过不能说它没有意思，特别是对于研究文化科学的人们。哈理孙女士在《希腊神话》的引言中说：

> 宗教的冲动单只向着一个目的，即生命之保存与发展。宗教用两种方法去达到这个目的，一是消极的，除去一切于生命有害的东西，一是积极的，招进一切于生命有利的东西。全世界的宗教仪式不出这两种，一是驱除的，一是招纳的。

中国有句老话，叫做驱邪降福，虽然平常多是题在钟进士张天师的上头，却包括了宗教仪式的内容，也就说明了岁时行事的意义了。

一年里最重要的季候是新年，那是无可疑的。换年很有点儿抽象，说换季则切实多了，因为冬和春的交代乃是死与生的转变，于生活有重大关系，是应该特别注意的，这是过年礼仪特别繁多的所以，值得学子调查研究者也就在这地方。可惜中国从前很少有人留意，偶然有《清嘉录》等书就一个区域作纵的研究，却缺少横的，即集录各地方的风俗以便比较的书物。这回娄子匡先生编述《新年风俗志》，可以说是空前的工作，这在荒地里下了一铲子了。娄先生编此书成后叫我做序，差不多有大半年工夫了，我对于此道虽有兴趣，但是老不用功，实在空虚的很，序文做不出，光阴却迅速的过去了，日前得来信知道即将出版，只得赶紧拉杂写成，真是塞责而已。松仁缠和桂圆嵌胡桃的攒盒都已摆好了，却又把一包梅什儿放在上边，得弗为人客所笑乎。

中华民国二十一年七月二十一日，于北平。

《潮州七贤故事集》序

林培庐君辑录《潮州前后七贤故事》，来信索序。这我当然乐意做的，只是照例难免拖延，一直拖到书已将印成了，见到林君的催信，才急忙拿起笔来写，空虚之上加以仓卒，其写得不行当然是意中事了。

《七贤故事集》的校样承林君寄给我一份，好好地读了一遍。这是传说类的名人故事，但其内容与童话自多共通，又因这种轶事大抵以游戏玩弄为主，自然更近于笑话，如平常所说的徐文长也是如此。明末墨憨斋编《古今谭概》，清初竹笑居士删订为《古笑史》，又编《笑府》，后游戏主人改编为《笑林广记》，是很好的例。《谭概》本来都是“古笑史”，其特色是在笑话上规定了时地人，《笑府》却是泛指的，他的脚色是塾师聋子之类而不是张龙赵虎，这便是童话而不是传说了。但是这些故事有地方与笑话颇有差别，笑话的重心是他人的愚蠢和失败，在故事里这只是陪衬，所重的乃是本人的聪明和成功，虽然读者的愉快出于自己的优胜感这一点①似乎原是一样。其实也是无害的消遣，在这点上却容易受到非难，无论是故事或笑话。我在《徐文长的故事》的说明里曾说过这几句话：从道德方面讲，这故事里的确含有好些不可为训的分子，然而我们要知道，老百姓的思想还有些和野蛮人相像，他们相信力即是理，无论用了体力智力或魔力，只要能得到胜利，即是英雄，对于愚笨孱弱的失败者没有什么同情，这只要检查中外的童话传说就知道。现在我们又不把这些故事拿去当经书念，要找出天经地义的人生训来，那么我们正可不必十分去认真了。

七贤故事是地方名人传说，这又是很有趣味的一点，他们都是文人，也都是官，官固然不尽是文人出身，但文人的顶高的出路是官，那是五百年来的定理了。故事里的名人或英雄大抵有两种，一是官，一是文人，前者如包龙图海瑞彭宫保，后者如罗隐秀才解学士徐文长，至于聪明的白衣——例如后世社会上很有势力的流氓，则不大有份。这或者因为在科举制度下的社会里起码非秀才不能有势力，或者也因为那时

【锺校】

①“点”原作“件”。

流氓便由秀才们兼做去了的缘故罢。总之这一点里与西洋很有不同，假如不把主教来当作官，教徒与武士当作文武秀才看。七贤是本地人，他们在故事里的地位所以并不是官，可以像彭宫保那样地有许多作为，但只是一位乡绅，那么也就归入文人队中，跟了徐文长去活动活动罢了。徐文长一派自罗隐秀才以来便不大阔气，只有解学士算是有了一官半职，如今前后七贤都是不很小的官儿，真可以说是同路人中最有光荣的了。记得容元胎君序中说及因此可以考见中国人民尊重官和科名的心理的一斑，我觉得这也说得很有道理。这种心理是全国的，或者说是全文化的亦无不可，因为在朝鲜安南恐怕也逃不了这影响。其次，这些故事多是流动的，流传在各处，集合在一个箭垛上便成了传说，散出来又是种种的童话或笑话。因为如此，七贤的地方传说颇缺少地方色彩，大抵与罗解徐诸前辈的言行同一轨范，故其地位不重在地方文艺上，但以国民传说的研究资料论，则自有其真价值也。

中国民俗学的运动渐渐发达，特别在广东浙江两省，因了钟敬文娄子匡林培庐诸同志的努力，有好些研究机关与刊物，这是很可乐观的事。研究的初步重在搜集资料，中国地大物博，这种工作也就颇烦重，不是现今少数同志所能办好，在这样困难之下却总能有那些成绩，风俗和歌谣故事方面有了不少记录，不能不说是很好的成绩了。但是资料搜集固然多多益善，而搜集的得法不得法也是一个重要问题，其中最要注意的是其记录的方法。我们现在只就故事来讲，搜集故事的缺点是容易把它文艺化了，它本来是民间文学，搜集者又多是有文学兴趣的，所以往往不用科学的记录而用了文艺的描写，不知不觉中失了原来的色相，这当做个人的作品固有可取，但是民俗学资料的价值反未免因而减少了。歌谣故事之为民间文学须以保有原来的色相为条件，所以记录故事也当同歌谣一样，最好是照原样逐字抄录，如不可能则用翻译法以国语述之，再其次则节录梗概，也只可节而不可改，末后二法已是搜集故事者的特许自由，为搜集歌谣者所不能援引者也。大凡愈用科学的记录方法，愈能保存故事的民间文学与民俗学资料之价值，这本是极普通的话，因为偶然想到，便蛇足地写在这里了。

中华民国二十二年二月二十四日，于北平苦雨斋。

《文学的艺术》译本序

十九世纪的一个英国批评家说过一句很巧妙的话，“书并不像女人，老了便不行”。这固然也不能一概而论，有些书描头画额的，有如走街倚市门的妇人，原来就不大行，到得老来自然更没有人看觑。少数的所谓古典其生命更是长远，有的简直可以不老，有的为时光所揉搓也就老了，但是老了未必就不行，这好有一比，前者有如仙人，而后者则如康健的老人。第一种大抵是诉于感情的创作，诉于理知的论议类则多属第二种，而世俗的圣经贤传却难得全列在内，这是很有意思的事。据我看来，希伯来的圣书中就只是《雅歌》与《传道书》是不老的，和中国《诗经》之《国风》《小雅》相同，此外不得不暂时委屈。希腊没有经典，他的史诗戏剧里却更多找得出仙人的分子来了。

中国不知道到底有没有国教，总之在散文著作上历来逃不脱“道”的枷锁，韵文却不知怎的似乎走上了别一条路，虽然论诗的人喜欢拉了《毛诗》《楚辞》的旧话来附会忠君爱国，然而后来的美人香草还只是真的男女之情，这是一件很可喜的奇迹。莫非中国的诗与文真是出自不同的传统的么？但总之中国散文上这便成了一个大障害，这方面的成绩也就难与希腊相比了。即如讲到文学，在西洋总不能不先说亚列士多德的《诗学》，中国也总当提及刘彦和的《文心雕龙》罢。这两者都是文坛上的老人，都是一两千多年以前的，所以老了，但是老了却未必便不行，他的经验和智慧足以供我们的参考，即使不能定我们的行止。可以拿来略一比较，我们梁朝的刘彦和于博学明辨之中很显露出一种教徒气，处处不能忘记他的圣道，不及东周时代的亚列士多德之更是客观的，由此可知两者虽是同类而其价值又殊有高下不同了。

现在跳过来说叔本华的《文学论》，也就可以把他归入这一类去。我们说叔本华的著作却起头引了老女人的比喻，觉得很有点可笑，因为他是以憎恶女人出名的。但是这个我想他也未必见怪，对于他这怪脾气谁都禁不住要说一两句话。我读他的著作还在廿多年前，我很喜欢他的女人与恋爱各论，也佩服他的文学论。他是大家知道的哲学者，既非文士，也不是文学教授，何以来谈论文学呢？出版以来也有七八十年了，还值得读么？他是哲学者，但他有一个特色，是向来德国很少的反官学派的。他的文章写得很好，对于文学有他自己的意见，他不像普通德国人似的讲烦琐的理论，只就实在的问题切实的指点。叔本华的论文是老了，然而也还很值得读，因为他的著作是老了而还是行的这一类的。

说他的文学论文可以与《诗学》或《文心雕龙》相比，或者不很确，他不及《诗学》价值之高，也不及《文心雕龙》分量之多，但是与美国日本的编辑家所著的书相比却总是高出一头地的罢。现今文学论出的不少了，有的抄集众说，有的宣扬教义，却很缺少思想家的诚实的表白，叔本华此集之译出正不是无意义的事，介白的努力也就很足称道了。

民国二十二年七月九日识。

《越谚》跋

在小时候我于乡先生中有最佩服的两个人：一是乌程汪谢城，一是会稽的范啸风。汪先生以举人官会稽县学教谕，所著关于韵学历学诸书及词一卷均在《荔墙丛刻》中，《玉鉴堂诗》六卷近亦刻入《吴兴丛书》，但我所喜欢的乃是单行的一部《湖雅》，书凡九卷，后附《湖蚕述》四卷。范先生是个副榜，即《越谚》的编著者，诗文集均不存，先君曾经请他写过一副小对联，只记得下句“悠然见南山”，末署“扁舟子范寅”，不过这对子也早已落在穿窬君子的手里了。《湖雅》与《越谚》详记一地方的风物或言语，性质有点相近，但体例不大一样，前者略近《埤雅》《尔雅翼》，所谓亦雅诂之支流也，后者则全以俗语为主，随语记录，不避俚俗，假如引一句成语来说明，那么其一可以说是君子安雅，而其二乃是越人安越欤？

范先生家住城外皇甫庄，甲午以前我的舅父也住在那里，两家正是贴邻，我在那时常听人家讲他的逸事。他中副榜时心里正很懊恼，有一老妪来贺他道："今年中了半边举人，明年再中半边，合起来便是一个，岂不很好。"但是下一科他是否真又中了半边，这却有点记不清楚了。他编《越谚》时召集近地的小孩唱歌给他听，唱后便请他们吃夜糖。到了晚年，他常在灶下烧火，乞糕饼炒豆等为酬，有时因为火候不中程，为姑媳谯诃也不为意。尝以己意造一船，仿水车法，以轮进舟，试之本二橹可行，今须五六壮夫足踏方可，乃废去不用，少时曾登其舟，则已去轮机仍用篙橹矣。范先生盖甚有新思想，而困于时地，不能充分发展，世人亦莫之知，大都视为怪物，与徐文长仿佛，其有逸事流传亦相同。《越谚》刻于光绪壬午，及今五十年，印刷传布为数不少，未得列于著作之林，然而藏板至今尚可新印，无甚缺损者，其实也未始不是还从这里来的好处也。

从前记录越中方言者，据我所见有毛西河的《越语肯綮录》，茹三樵的《越言释》，田易堂的《乡谈》等，但是他们的方法都是《恒言录》《通俗编》的一路，如不是想替俗语去找出古雅的本字，至少也要在书本里发见先例，故所说即使很精确，原是部分而非整个，也只是文字学的材料，与方言土俗了无关系。《越谚》所取的方针便截然不同，他是以记录俗语为目的，有一语即记录一语，纯是方言志的性质，他用字要寻出典，以致有些字很是古怪，也许是一种毛病，虽然这毛病不能算怎么大，因为那些字本来反正多是有音无字的。《越谚》中又收录着好许多歌谣，完全照口头传说写下来的，这不但是歌谣研究的好资料，而且又是方言语法的好例，书中多载单辞只字，缺少表示语法实例的整句之缺点，也就可以勉强补上几分。此后如有还未忘记绍兴话的绍兴人，能够费点工夫把他添注上拼音，这便可以成为一部急就的《绍兴方言志》了。我们且不讲“唯桑与梓必恭敬止”那些旧话，只是饮水思源，从学问或趣味上面想起来，觉得对于这位扁舟子老先生实在应得表示相当敬意耳。

中华民国二十一年十一月二十六日，旧会稽县人周作人识于北平苦雨斋。

图书在版编目(CIP)数据

苦雨斋序跋文/周作人著作;锺叔河编订. —长沙:岳麓书社,2020. 10

ISBN 978-7-5538-1223-6

Ⅰ. ①苦… Ⅱ. ①周…②锺… Ⅲ. ①序跋—作品集—中国—当代 Ⅳ. ①I266

中国版本图书馆 CIP 数据核字(2019)第 284579 号

KUYU ZHAI XU BA WEN

苦雨斋序跋文

周作人著作　锺叔河编订

特约编辑:鄢　琨

责任编辑:蒋　浩

责任校对:舒　舍

书籍设计:风格八号

岳麓书社出版发行

地址:湖南省长沙市爱民路 47 号

直销电话:0731-88804152　0731-88885616

邮编:410006

版次:2020 年 10 月第 1 版

印次:2020 年 10 月第 1 次印刷

开本:787mm×1092mm　1/32

印张:6. 125

字数:100 千字

印数:1—6 000

ISBN 978-7-5538-1223-6

定价:25. 00 元

承印:长沙鸿发印务实业有限公司

如有印装质量问题,请与本社印务部联系

电话:0731-88884129